はるの空

耳の聞こえない私は、
音のない世界をこう捉え、
こんな風に生きてきた。

春日 晴樹

はじめに

あなたは…
〝聴覚障害〟を知ってる？
〝聴覚障害者〟を見たことある？
〝聴覚障害者〟と話したことある？

私を題材にして〝聴覚障害〟について理解してもらいたい。そんな気持ちを込めて書こうと思う。

耳が聞こえないながら、この世界と向き合い、私は精いっぱい生きてきたと思っている。耳の聞こえない私がどんな風に世界を捉え、何を感じ、考え、行動してきたか。私がこれまでどんな人生を歩んできたのか、書きたいと思う。

本のタイトルは「はるの空」にした。

「はる」は私の名前から取った。「空」は生活の中で一番、私が目にしているように思うからだ。

私はずっと空の下で過ごしてきたように感じている。何かあった時には、上を見上げて空から元気をもらっていた。

決して青空の日ばかりではない。でも私は、曇りの日も、雨の日も空と向き合う時間が多かったように思うのだ。空の下で育ってきたから、いつも空が私を見守ってるような気がするから。

私のこれまでの人生を、空のように嘘偽りなく表現し、空のように、みんなに勇気を与えられるように。

目次

2010年8月、プロダイバーとして沖縄の海に潜る

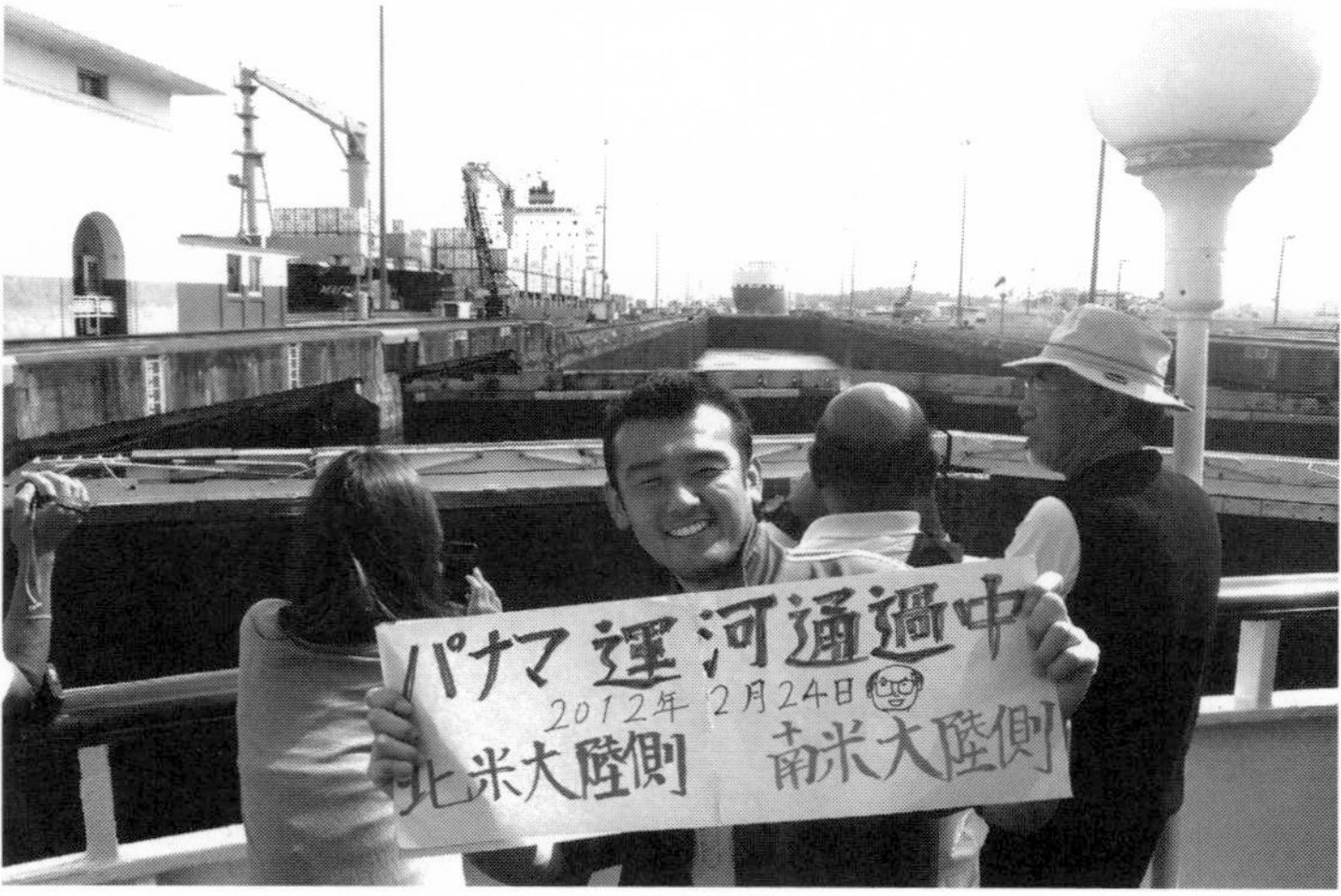

2012年2月、世界一周の旅の途中、パナマ運河を通過

2017年2月、JAXA職員時代

2019年6月、東京で開催した講演会。自らの経験を語る講演活動も行っている

第1章

耳が聞こえない私

ろう者って何

私は１９８２年８月４日の朝、抜けるような青空の下で生まれた。そんな縁もあって『晴れた日』のように明るく、『樹』のように強く、という願いを込めて『晴樹（はるき）』と名付けられた。

私は、生まれた時から聴覚に障害がある。〝難聴者〟ではなく、〝ろう者（聾者）〟だ。耳が聞こえる人は、〝ろう者〟と〝難聴者〟の違いを深く考えたことはないだろう。しかし、〝ろう者〟の私たちは、〝難聴者〟とは大きく違う。

〝難聴者〟とは字が示す通り、聴くことが難しい人のことだ。一口に〝難聴者〟と言っても、人によって聴力や音の聴こえ方は大きく違う。〝難聴者〟は、補聴器や人工内耳などを装着することによって聴力が上がるので、声によるコミュニケーションが少しできることが多い。

一方、〝ろう者〟は音がほとんど聞こえない。補聴器をつけても、聞こえない人もいる。もし、補聴器を装着して、音が聞こえたとしても〝言葉〟としては捉えていない。

私は明瞭な音を聞いたことがないけれど、マンガで表現されている擬音を参考にすると、都会の喧騒の「ガガガガ」だったり、乗り物の騒音の「ゴォォォー」だったり、テレビのノイズの「ザァァァァ」だったり、何の音なのか、聞き取れないほどの音が、ほんの少し聞こえる。でも、それが〝音〟なのか、未だに自分でもわからない。そして、自分の声さえも知らない。

耳が聞こえる人であれば、自分の声を聞くことができる。しかし、耳が聞こえない人は、その振動が脳に伝わって振動を感じるだけで音としては聞けない。そのため、声を発しても日本語として正しい発音なのか、どんな声で、どんな声量で発声をしているのかもわからない。〝ろう者〟に声を使ったコミュニケーションは困難だ。

昔は、言語障害を伴う〝ろう者〟を〝ろうあ者〟と呼んでいた。〝あ〟というのは、〝唖（おし）〟といって「発声や聴覚の器官の障害によって、言葉を発することができないこと。音声による話ができないこと」だ。今では、人によっては「差別用語では?」という認識のため、〝ろう者〟と呼んでいる。

みんなに気を付けてほしいことがある。差別用語である「つんぼ」「おし」は絶対に耳の聞こえない人に向けて使わないでほしい。

春日家の第一言語は、日本手話

聴覚障害者には先天的、もしくは小さい時に聴力を失った〝ろう者〟、軽度難聴から高度難聴などの〝難聴者〟、病気や事故などで人生の途中に聴覚を失った〝中途失聴者〟がいる。今、日本には聴覚障害者が約36万人いる。さらに、突発性難聴や聴力が衰えた高齢者や「話すのにやや不便を感じる」というレベルの人まで含めると約600万人に及ぶといわれる。

私は、〝ろう者〟だ。私は、人の声も、車の音も、自分の声さえも聞こえない。

〝難聴者〟はある程度は聞こえるので、〝ろう者〟と比べれば口話でのコミュニケーションはできる。

〝中途失聴者〟はいつ、どのくらい聴力を失ったかにもよるが、耳が聞こえなくなる前までは、健聴者だったので自分から発声して話すことは一応できるが、話を聞く時は、苦労しているはずだ。ある日、聴力を失ってしまうと、どうコミュニケーションをとればいいのか、パニックになってしまう人もいるそうだ。「耳で聴く」から「目で聴く」に転換するのはとても難しい。時間をかけて、「目で聴く」に適応していかなければならない。

そして、私のような〝ろう者〟は、生まれた時、もしくは、小さい時に何らかの病気や事故で聴力を失ったため、音をほとんど知らない。

私の父は難聴者で、母はろう者だ。そして、私には、耳が聞こえる弟と妹がいる。

耳が聞こえない両親と私、耳が聞こえる弟妹二人がいる中で、〝手話〟を使ったコミュニケーションをしていた。弟と妹は、両親の手話のやりとりを見ながら育ってきたので、教えられなくても自然と手話を覚えていった。

私の友達も耳が聞こえない人ばかりだ。私の友達が家に遊びに来た時は、弟や妹とも手話で会話した。二人にとって手話は身近な言語だった。

手話を見れば、両親が話している内容も理解できる。両親が弟と妹と話す時も手話を使うので、内容がわかる。

こんな風に思う。もし両親ともに耳が聞こえていたら、私は両親がどんな会話をしているのか理解できず、家族の輪に入ることができなかったのではないかと。

耳が聞こえる両親を持つ耳が聞こえない友達からは、「両親と話す時、緊張する」「両親は手話を使えないから大事な話ができない」「『醤油を取って』さえも気軽に言えない」「両親と私で第一言語が違う」といった話を聞いたことがある。家族でも〝言葉の壁〟があるのだ。

我が家の場合、手話で会話していたので、気軽にささいなことでも話せた。大事な時、自分の想いを伝えられる環境だったから私は、家族内で〝言語の壁〟を感じずに、成長できたと思う。両親が手話を使い、耳が聞こえる弟も妹も自然と手話でのコミュニケーションを身に付けていたので、家族で〝言葉の壁〟はなかったのだ。

でも、弟と妹が使っている手話は、正確な手話ではない。春日家しかわからない手話だ。手を使ったサイン（ハンドサイン）と言った方がいいかもしれない。まだ小さかった弟と妹に正確な手話を使うと覚えにくいので、わかりやすいハンドサインに改良したのだ。

先に、耳が聞こえない友達と弟や妹も会話できると書いたが、正確な手話ではないのに会話ができるのにはわけがある。私が、その友達と話す時に自然と春日家の手話（ハンドサイン）を使っているから、友達も春日家のハンドサインを知っているのだ。もし、私と関わったことがない耳が聞こえない人が、弟と妹と話したら、会話できないこともあると思う。

手話といっても、それぞれの家族の中でしか伝わらない手話（ハンドサイン）がある。日本手話だけでなく、ハンドサインも使いながら私たちは会話している。

弟と妹は、耳が聞こえない両親を持ったことで、いじめられたことはあるのだろうか。「お父さんとお母さんは、なんで耳が聞こえないんだろう？」と思ったことはあるだろうか。それを本人たちに聞いたことはない。

弟と妹は明るく、活発な性格だ。弟と妹はよく家に耳が聞こえる友達を連れてきた。友達は、最初は手話を使う環境に戸惑ったかもしれない。でも、何回も家に来て耳が聞こえない両親や私と交流するうちに、〝手話〟の環境に慣れ、耳が聞こえない人に対しての偏見がなくなったと思う。

数年前、こんなことがあった。母は今、妹家族と暮らしている。そこには妹の子ども、私にとっての甥と姪がいる。小さい甥はとても可愛くて、私の母も愛情を込めて向き合ってきた。

3歳の頃から手話を覚えながら、成長した甥は、7歳を過ぎた頃、「なんでお祖母ちゃん（私の母）は、耳が聞こえないの？」「声が変だし、手話を使うなんて嫌だ」と言った。

私の母は、これまで言われたことないことを言われ、すごく傷付いたと思う。それを聞いた妹が、「耳が聞こえない人は、音が聞こえないことで、うまく話せない人もいる。だから、声の代わりに〝手話〟があるんだよ」と丁寧に〝聴覚障害〟や〝手話〟について説明をした。

今では母と甥は、手話を使って会話している。そんな経験があったから、その子の妹である姪には、1歳から手話を教え始めた。

いや、手話というよりもベビーサインに近い表現だと思う。風呂場の壁に、星や果物や動物の絵が描かれているお風呂用シールを貼っておき、「ライオン」「トマト」「ラッパ」など、一つずつ手話で表現しながら単語と手話と一緒に覚えていった。

保育園から帰ってきたら、「今日はどんなことがあったの？」と手話で聞いて、それを手や身振りで表現してもらう。そのコミュニケーションを続けていくと、年齢とともに手話をたくさん覚えていき、手話への抵抗もなくなる。

小学生になった姪は耳が聞こえない私の母と私と手話を使いながら、スムーズにコミュニケーションを取っている。

耳が聞こえない人にとっての手話　～第一言語は日本語ではない～

今の時代、手話は一般の人にも身近になった。「手話言語条例」を施行する自治体も増えている。皇室の方が手話を使っているのをニュースで見た人もいると思う。歌手が歌の中で手話を使うこともある。

でも、知っているだろうか。手話が禁止されていた時代があったことを。その頃、手話が必要な聴覚障害者は、とても肩身の狭い思いをしていた。

電車の中で、手話を使うと周りからの視線を感じた。子どもからも大人からも好奇心の目が向けられた。「見ちゃダメ」と子どもを連れてその場から離れる人もいた。

学校でも、「手話を使ったらダメ」と先生に手を叩かれることが、何回かあった。手話ではなく、普通の人と同じように話せるよう、口話法が必要だと考えられていた。1933～2011年まで、手話は言語として認められていなかったのだ。当時は、〝健常者〟の世界で生きていくためには「手話よりも、口話が必要」と考えられていたため、ろう学校の授業に発音・発声の訓練があった。

私は、4歳でろう学校に入学し、5年間、訓練を受けていたが、私にとっては無意味だった。両親ともに耳が聞こえないので家に帰っても発音・発声の復習はできない。私には、何も聞こえない。自分の声も聞こえない。だから、口話で完璧にコミュニケーションするのは難しい…いや、不可能だった。先生の話がわからない。そして、自分の意思を発言できる場もなく、毎日、発音・発声訓練を強いられるので「学校へ行きたくない」と思うようになった。

だが、変化が起こる。

1990年代には「手話で教えることが大事なのでは?」という考えが、ろう学校の先生の間で広まり、手話を使用した授業を行う学校が少しずつ増えていった。

私は小学校の高学年から、通常の学校へ通っていたが、それを機にろう学校へ復学した。高校の時だった。

手話を使った授業では、先生の話がわかるので「すごく勉強が楽しい！」と思った。そして授業以外、先生と手話で話ができるのも嬉しかった。私の知らない新しい情報を得られる大切な時間だった。

国語の先生から日本語の意味や使い方を教えてもらったり、社会の先生から世界や日本を巡った経験を話してもらったり、英語の先生から海外の経験を教えてもらったり、手話を交えながらの授業がすごく好きになって「毎日、学校へ行きたい」と思った。

手話を使って話せることが、耳が聞こえない私たちにとって大切だった。スムーズに話せる喜びを知った。そして、自分の意思を伝えられる場もできた。

そして、２０１１年、手話は一つの言語として法律で認められた。

もし将来、手話をなくすような政策を再び国が打ち出したら、私は猛反対するだろう。私たちにとって、手話をなくすということは、言葉を奪われるということなのだ。

＊はる語録＊

耳が聞こえないことが弱さではない。
耳が聞こえなくたって、いいんじゃない？
耳が聞こえなくても、笑おう。

第2章

日本語に出会う

人のコミュニケーション方法はテレパシー？

両親ともに耳が聞こえない家庭で育った幼い私は、世の中に〝耳が聞こえる人〟がいることを知らなかった。

生まれた時から聞こえず、〝音のない世界〟が当たり前だったので、人は〝手話〟で話すとばかり思っていた。でも家から外に出ると、手話を使っている人を見ないし、手話なら顔の表情を使いながら話すのでしっかりと目と目、顔と顔を合わせることになるけれど、みんながいつもそんなことをしているふうでもない。どうやら口をパクパクさせて、お互いを理解し合っているようだった。

テレビアニメの登場人物も手話を使わず、仲間や敵と口パクでコミュニケーションをとっているように見える。ウルトラマンや仮面ライダーといったヒーローたちに至っては、唇さえ動かさないので「もしかしたら大人は、テレパシーで会話しているのかな？　私も大きくなったら、テレパシーで話せるようになるのかもしれない」と本気で思った。

ヒーローたちの対決シーンでは、口を大きく開けた途端、ビームや必殺技が出てくるので私も同じ技を使ってみたくて「どうすれば、口を大きく開けた時にビームが出るようになるのだろう？」と考えていた。

口を大きく開けていれば、いつかはビームが出ると信じていた私はそれをまねて、遊ぶ時に口を大きく開けていた。今にして思えば、そうすることで大きな声が出ていただろう。耳が聞こえない私たちのような人は、声を出すことがほとんどないので、声帯の使い方も、声量調整の仕方もわからない。だから、私自身がその時どんな声を発していたのか、どんな声量だったのか見当もつかない。しかし、周りの人々の目には、奇声を発している「変な子ども」と映っていたかもしれない。

だとするといろいろなことが納得できる。これは私だけではなく、耳が聞こえない子どもの多くが経験しているのではないか。この奇妙な行動こそが聴覚障害者に対する偏見を植え付ける要因の一つになっていたかもしれないと、今思う。

手話使用を禁じられていたろう学校時代　～発音や読唇術の訓練～

第1章でも触れた通り、1933年から2011年までは手話は言語として認められていなかった。学校でも手話の使用を禁止されており、1982年生まれの私は、ろう学校で、手話を使って話すことができなかった。

当時は耳が聞こえない人が将来、社会に出て困らないよう、手話を使わず、口話でコミュニケーションができるようにするという方針がとられていた。口話を徹底するために、ろう学校の授業には発音・発声の訓練があった。口話というのは、耳が聞こえない人が、読唇術を用い健聴者がしゃべる口の動きを読み取り、表現したい言葉に合わせた口の形に、音を添えて発話して伝えるコミュニケーション手段だ。使いこなすためには発音や発声のための特殊な技術を要するので訓練が欠かせない。

当時、口話のための発音・発声訓練はろう学校の幼稚部からスタートし、「あ・い・う・え・お」を一文字ずつ発音・発声したり、水を口に含み、うがいの要領で「か」の発音ができるように訓練をしたり、ティッシュを1枚、おでこに当てて「は・ひ・ふ・へ・ほ」と発音する。「は」は息が強く出るので、ティッシュがふわふわと上下すれば、合格。みんなの前で「チューリップ」や「いぬのおまわりさん」を歌う訓練などもあった。

私の周りの人は皆、手話を使っていたので、手話で十分なのに「なぜ、わざわざ口話のための発音や発声の訓練をしなければならないのか?」「なぜ発音・発声を強要されるのか?」と、幼い私には不思議だったし、苦痛でたまらなかった。母にこの疑問をぶつけても申し訳なさそうに「仕方ない」とだけ返ってきて、納得できるような説明はなかった。やることの意味が見出せない私は、発音・発声訓練の時間が近付くと、いつも教室を飛び出していた。

小学部に進学しても先生たちは手話を使わず、口話で授業を進める。小学生の私には口話を理解するのは至難の業で、先生が何を言っているのか、わからない。当然授業の内容は頭に入ってこない。ただ、「なんで、先生は口パクをしているんだろう?」と思っていた。先生の口の動きを見て、読唇術をする以外には授業を理解する手立ては思いつかなかった。

先生によって、口の動きのスピードが違う。早口だったり、スローな動きだったり。その特徴を踏まえて、話を聞き取るのは簡単ではなかった。板書を見ても、答えの導き出し方がよくわからない。そんな時、説明してもらいたくても、しっかりした発音・発声に基づいた口話ができていない私は上手に疑問が伝えられない。仮に、私の質問が伝わったとしても、先生の答えは、口話で戻ってくる。読唇術ではちゃんと読み取れないので、理解できた一部の単語を頼りに推測しながら自分で答えを見出すしかなかった。

理解できない授業を受けることは私にとって大きなストレスで、筆記用具を先生に投げたことがあった。先生と意志疎通ができず、勉強ができる環境ではなかった。

先生の説明を理解するに及ばず、発した言葉を一つでも読み取ろうと必死だった私たちは、学力面で耳が聞こえる子より遅れていたのではないだろうか。当時を振り返って考えると、頑張っていたほどの学習への手応えはつかめなかったように思う。

ろう者には責任能力はないの？

こういったことは「耳が聞こえないと、聞こえる人たちから置いてきぼりにされる」という思いにつながってくる。耳の聞こえない私たちは、耳の聞こえる人たちと十分にコミュニケーションを取れず、そのために知っておかないといけないことを十分に理解できないという問題は、教育に限らず、広く刑法などにも及んでいたのだ。非常に微妙な問題だと思うが、あえてここで触れたい。

１９９５年に刑法第40条が削除された。「瘖唖者ノ行為ハ之ヲ罰セス又ハ其刑ヲ減軽ス」と定められたこの条文は瘖唖者（いんあしゃ）減軽規定と呼ばれるものだ。

瘖唖者とは聴覚障害のあるろう者を指す。耳が聞こえないと十分に教育を受けられないので、事物の是非・善悪をしっかり理解した上で行動するのが難しい。そうなると自らの行為について責任を負う〝責任能力〟を認めにくく、罪を犯しても罰を課さないか、軽減する、ということになっていた。

これを聞いた時、音が聞こえず、話すことができないろう者は〝一人前の人間〟として認められなかったのかな、と寂しい気持ちになった。こういったことが生じる最大の問題は、耳が聞こえない人への教育が遅れていることだろう。そして、その原因は情報伝達の手段が確立されず、知っておくべき情報が耳の聞こえない人にきちんと届いていないということに尽きる気がする。

もちろんこういった法律には、立法に至った背景があるに違いない。耳が聞こえない人の中には、利用されているという意識がないままに犯罪に加担し、罪をなすりつけられ、濡れ衣を着せられた人もいるのではないかと推測してしまう。

ろう者の教育について見直しがなされた。「生きていく上で必要な知識を学校でしっかり身に付けることが大事だ。耳が聞こえない人は、手話が第一言語。学んだことを知識としてしっかり固めるためにも、手話で教育することが大事だ」という考えが、１９９０年代に広まり、手話を使用した授業を行う学校が少しずつ増えてきた。２０１１年8月には、改正障害者基本法が公布・施行されて〝手話〟が一つの言語として認められた。

そして、それより以前の１９９５年には刑法の改正が行われ、ろう者でも同様に罰せられることになった。ようやく、耳が聞こえない人も、耳の聞こえる人と同じように扱われるようになったと思う。

しかし、問題が解決した訳ではない。ろう者と耳の聞こえる人たちのコミュニケーション手段や方法、置かれている状況に関して、改善するべきところはまだまだある、と感じている。

「日本語」って、何？

ある日、ろう学校の小学部の先生から「あなたは、日本人だよ」と教えられた。

そして、思った。

「日本人って、何？」

その頃の私は、アメリカやフランスなど、日本以外にも国があることを知らなかった。人間は、みんな同じで仲間だと思っていた。

「日本で生まれた人は日本人。アメリカで生まれた人はアメリカ人。フランスで生まれた人はフランス人」。先生のその説明は理解できた。次に、「日本人が話すのは日本語。アメリカ人が話すのは英語。フランス人が話すのはフランス語」と言われて思考が止まった。そこには、納得できなかった。

日本人の私が話すのに使っているのだから、日本人が話す時に使うのは「手話」だと思っていたのに、先生は「日本人は、日本語を話す」と言う。

「日本語って何だろう?」「日本人は、手話を使うんじゃなかったの?」と、私の頭の中は疑問でいっぱいになった。


そんな思いを長い間持ち続けていて、ようやく答えにたどり着く日がやってきた。

その日は、保健体育の授業で人体のしくみを学んでいた。喉のしくみの説明で、先生は私の手を自分の喉に当てて、声を出した。その時、振動を感じた。生まれて初めて、〝声〟や〝音〟というものの存在を知った。

この事実は大きな衝撃を与えた。アニメを見て「大人になれば、テレパシーを使えるようになり、それでみんなと話せるようになる」と、信じ切っていた私は、この時、人はテレパシーではなく〝声〟で会話していることに気付いた。

「じゃあ、その声は、どうやって相手に伝わっていくの?」と疑問が生まれてくる。先生に尋ねると、「耳で聞くんだよ。耳の中には鼓膜があって、音から出る振動が空気に伝わり、鼓膜で振動を感じるんだよ」と教えてくれた。私がこれまで見てきた口パクの正体は、「声を使って表現されていた日本語だったんだ」とはっきりわかった。

声を持たない私は、いったいどうなるんだ？

この時「あなたは、〝聴覚障害者〟なんだよ。だから音の存在に気づかなかったんだ」と現実を突き付けられたような気がした。

「私が使っている手話は、日本語じゃないの？」「日本語をしゃべれない私は、日本人じゃないの？」「手話は、何のために存在しているの？」「そもそも私は、どうして耳が聞こえないの？」と新たな疑問が襲ってきた。家に帰っても、横になっても、電車に乗りながらもずっと考えているが、わからない。答えが見つからないまま、私は成長していった。

そして、小学校3年生までろう学校に通った。

第一言語は手話、日本語は第二言語

私たち、耳の聞こえない人たちの第一言語は今、手話となっている。小学生の時に抱えていた疑問の答えがすべて出たわけではないが、手話と口語（日本語）について、自分なりに結論に至ったことがある。それは、〝耳が聞こえない人〟と〝耳が聞こえる人〟が同じ環境で同じやり方で日本語を学ぶのは困難だ、ということだ。

耳が聞こえない人は、発音・発声を伴う口語でコミュニケーションをとる機会が圧倒的に少ないし、何よりも言語障害のある人がほとんどなので、口話は一生懸命学ぶが、使いこなすには高いハードルがある。相手の口の動きを読み取り、自分が表現したい言葉を発しても、その音が正しいのかを確認することができなかったりするのだ。

日本語と手話の語法は大きく違う。手話では例えば「が・は・に・で・や」などの助詞を使わない。そして、手話の語彙数は日本語に比べて極端に少ない。

手話と日本語は大きく異なる。手話と日本語は別の言語だと言えると思う。

耳が聞こえる人がいる学校に転校して

小学生の頃の自分をよく覚えている。

ろう学校では短気で自己中心的で、やんちゃでわんぱくだった。でも家に帰ると、家に閉じこもっていて、外へ出ることはあまりなかった。母から毎日、「勉強しなさい」と言われて勉強漬けの日々だった。私の母は、耳が聞こえないためにたくさんの苦労を強いられてきた。だから将来、私が社会に出ても困らないように耳が聞こえる人と同じように学力をつけて、〝耳が聞こえる人がいる世界〟で生きていくことを望んでいた。それで「勉強しなさい」と言っていたのだと思う。

そんな私に一つの転機が訪れた。耳が聞こえる人が通う学校に転校したのだ。小学4年の時のことだ。

当時は今と違って耳が聞こえない子どもが、耳が聞こえる人が通う学校に転校するのは簡単ではなかった。「耳が聞こえない人は、ろう学校で授業を受ける。口話の訓練を積む」という考え方がとても強かったのだ。それで、転校するまでにいろいろなことがあった。

母が、「耳が聞こえる人が通う学校に転校させたい」とろう学校の担任の先生に、最初に相談しに行ったのは、私が小学2年の時だった。しかし、担任の先生は「その話は今度にしよう」とはぐらかし、次の相談の時も「別の機会に話そう」と言って真剣に取り合ってはくれなかった。そんなことを繰り返していくうちに、1年が経ってしまった。母は「話を聞いてくれないなら、校長先生に直接話す」と校長先生に直談判に行き、「ろう学校は、手話が禁止されているので、息子は先生の話が理解できない。先生の話がわからないのは、耳が聞こえる人が通う学校に行っても同じだろう。だったら、口話の訓練ばかりに時間を費やすろう学校で学ぶより、耳が聞こえる人が通う学校に行かせて授業やクラブを通して、耳が聞こえる友達との交流をたくさんさせたい」と考えを説明した。

校長先生は、「息子さんは耳が聞こえず、言葉を発することもできないので、耳が聞こえる子どもたちと仲良くなるのは難しいのではないか。耳が聞こえる人が通う学校には、たくさんの児童がいるので、あなたのお子さんだけ特別扱いすることはできないでしょう。そうだとしたらどうやって、勉強するの？　あなたの息子さんにとって、ろう学校が一番いい学びの場なんですよ」と答えた。

この時、母の希望は認められなかったが、母は根気強く何度も何度も校長先生にお願いに行った。流石の校長先生も迫力に押されてしまったのか、〝ある条件〟を出してきた。

当時は、土曜日も午前中だけ授業があった。「まずは1年間、土曜日だけ、耳が聞こえる人が通う学校へ行く。それで、問題がなかったら転校を認める」というものだ。

それで、小学3年に進級する時に、近所の小学校へ土曜日限定で〝試験的転校〟をすることになった。

〝耳が聞こえる人がいる世界〟へ飛び込んだ初めての日のことは、今でも忘れない。

なんと言っても一番驚いたのは、子どもの多さだ。ろう学校の1クラスは3～5人で全校でも30人以下だったので、子どもより先生の方が多いくらいだった。ところが板橋区立赤塚新町小学校には、1クラスに35人ぐらいいた。3年生は3クラスあったから、全部で100人以上になる。1年生から6年生を合わせた全校児童数は600人にも及んだ。こんなにたくさんの子どもは見たことがなかった。

みんな耳が聞こえる中で、たった一人私だけが耳が聞こえない。それまでは両親だったり、友達だったり、近くに必ず耳が聞こえない人がいた。それなのに、ここには耳が聞こえない人がいない。耳が聞こえる人が通う学校でやっていけるのか、私はいじめられやしないかと、不安になった。

しかし、不安とは別に耳が聞こえる人が通う学校はどんな世界なのだろう、とワクワクする心もあった。

大縄跳びで知る〝チームワーク〟

試験的転校初日、私は、どうしたらクラスメートと仲良くなれるのかわからず、とりあえず勇気を振り絞って、〝声〟を出してあいさつをした。でも、うまく伝えることができなかったみたいだ。仲良くなるきっかけをつかめないままで、みんなの輪に入ることができず、どうしていいかわからなかった。

そんな中、体育の時間に大縄跳びをした。

みんなと馴染めない私に気付いて「一緒に跳ぼうよ」と誘ってくれたクラスメートが現れた。せっかく声をかけてくれたのに、生まれて初めて挑戦する大縄跳びの輪に入ろうとするたびに縄に引っかかってしまい、私の番が来ると必ず止まってしまう。そんな私の後ろに並んでいるクラスメートたちは困った顔をしている。一人で跳ぶ縄跳びはできる。しかし大縄跳びは、いつまでたっても跳べなかった。

跳べない私は、「みんなに迷惑かけてしまった」とワンワン泣いた。

後になってゆっくり、なぜみんなは跳べて、私は跳べないのかを考えた。

その理由は、〝チームワーク〟というか〝団体行動〟を知らなかったことにあると思った。

ろう学校にいた数年間、授業もマンツーマンの個人指導だったし、1クラスにはだいたい3～5人しかいないので団体行動をしようにも、そんな場面がないのだ。大縄跳びだけでなく、サッカーや野球といった団体競技をする機会もほとんどなかった。

チームワークは、たくさんの人が一つの目標を達成する時に必要で、みんながお互いのことに気を配りながら一丸となった時に、大きな力を生み出す。チームワークは、将来、社会に出てからも必要で欠くことはできない、と自らの経験から思うが、ある程度の人数がいないと学べないもののようだ。

試験的転校初日は、〝耳が聞こえない人の世界〟と〝耳が聞こえる人の世界〟には大きな違いがあることを知った長い1日だった。

その日から毎週土曜日に小学校へ通いつつ、耳が聞こえないことによって起こる困ったことをひとつずつ克服していった。耳が聞こえる人がいる世界での生きる術や一緒に過ごす方法や友達とのコミュニケーション方法を少しずつ身につけ、1年が過ぎた。

耳が聞こえる人が通う学校でも、私がやっていけることが証明でき、小学4年の時、遂に〝完全転校〟することになった。

みんなとの距離を縮めた完全転校初日のケンカ

完全転校初日、小学校ではクラス替えがあった。それまでの友達は、みんな他のクラスにいき、新しいクラスでは耳が聞こえない私のことを理解してくれる友達がほとんどいなかった。始業式の日、私は補聴器をつけていた。給食時間に新しいクラスメートが背後から来ていきなり補聴器を奪い取り、走り去って行った。私は、追いかけていって、捕まえて殴り、補聴器を取り返した。

殴った時にその子の眼鏡を壊してしまった。転校初日に問題を起こしたので、学校から母が呼び出され、謝罪することになった。

あとで知ったのだが、補聴器を奪った子は補聴器のことを、音楽が流れるイヤホンだと思ったらしい。「学校に持ち込んではいけないものを持っている」と先生に報告しようとしていたようだった。担任の先生が、耳が聞こえないので補聴器を付けている私のことをクラスのみんなにきちんと説明していなかったために起きたこととして、そのケンカは収まった。その後、母と私は、その子の家に謝りに行き、仲直りをした。

初日のその出来事は、クラスのみんなが私の聴力の障害や、補聴器を使っていることを知るきっかけになったようで、1日で一気にみんなとの距離が縮まった感じがした。

私のことをわかって！　という強い思い

この件に限らず、非常に短気だった小学4年生の私の周囲には、癇癪を爆発させる種がたくさん隠れていた。

理科室や体育館や校庭などで授業が行われる時、どこに行けばいいかわからず教室に一人取り残され校内中を探し回ったり、後ろから話しかけられたり、補聴器をつけている耳元で大きな声を出されたり、耳が聞こえない私にとって何が困ることとかを理解していないために生じるいろいろなトラブルは時として私の限界を超え、クラスメートとのケンカへと発展していった。

しかし、ケンカのたびに、何に私が困っていたのかを説明し、相手の言い分も聞いたのでケンカをした人との関係が深まり、友達が増えていった。

だから、ケンカは悪いことばかりじゃないと思う。ケンカをする必要も時にはある、というのが私の持論だ。今は、何があっても相手を殴ったり、傷付けることは良くないという風潮が強い。理由もなく殴ったり、暴言を吐いたりするのは悪いことだけれど、お互いの自己主張をぶつけあう〝良い〟ケンカもある。小学校4年生の私にとってクラスメートと激しくぶつかることは、お互いをわかりあうとてもいい機会だった。

その頃の私は、きちんとした発音や発声ができなかったので正しい日本語を使って気持ちを伝えることができず、ケンカで自分の気持ちを伝えるしかなかった。私にとってケンカは「伝えたい」「自分のことを知ってもらいたい」という強い思いから生まれていたのかもしれない。

1年間かかったけれど、クラスの全員が、耳の聞こえない私のことを理解してくれたと思う。小学5年から卒業するまでの2年間は、ケンカもなく、小学校生活の中で一番楽しい時期だった。私のクラスは、耳が聞こえない私を、差別することなく、みんなが笑い合える仲良しのクラスだった。

耳の聞こえる子と一緒に

耳が聞こえないと、先生が話していることが理解しにくいので一番前の席に座らされることもあるだろうが、通った小学校はそうではなかった。障害の有無に関係なく、私も含めてみんなで席決めのくじを引く。それで、私が一番後ろの席になったこともあった。

授業中、先生の話を聞かず、ずっと友達とおしゃべりしていたのを覚えている。おしゃべりしていたのは、よくなかったなと今反省しているが、この頃は徐々に正しい発音・発声ができるようになって会話が成立するようになっていた。

ちゃんと発音できると友達が「うん、そうだね」と返してくれる。それで「この発音は合っている」と自分の中でOKを出した。友達が「?」という顔をすると「これは改善しなければ」ということがわかり、自分で発音・発声を少しずつ調整していった。こんなふうに耳が聞こえる人と毎日コミュニケーションをとることで、発音・発声が自然と上手になっていった。

放課後は、友達の家へ行ったり、公園で遊んだりした。

一番の思い出は冒険ごっこだ。私の家の近くには大きな公園がある。友達と公園に生えている大きな木の上に廃材や折れた木を運んで秘密基地を作った。でも、この秘密基地で遊べたのは1年半の間だった。最後は、公園の管理者に秘密基地の存在が知られてしまって怒られて、壊された。この公園は鳥獣保護区で、木には、鳥の住処となる巣箱や巣がたくさん設置してあったので、勝手に秘密基地なんて作ってはいけなかったのだ。

でも、1年半、よくバレなかったと思う。まさか木の上に秘密基地があるとは、誰も思わなかったに違いない。今、思うととても危ない遊びでもあった。転落事故など、ケガが起きなくて本当に良かった。

あの公園で木登りしたり、びわやぶどうや柿やさくらんぼやざくろといった木の実を採って食べたり、花の蜜を吸ったりした。「もしかしたら、猿は毎日こんなふうに過ごしているのかもしれない」と思ったりした。

〝音〟が聞こえない代わりに、〝目〟と〝手〟を思う存分使って自然と触れ合うことができた。

クラスメートに積極的に話しかけて口話を身に付ける

私は、耳が聞こえる人から「なぜ耳が聞こえないのに発音や発声を伴う口話ができるの？」「両親が聞こえないのに、なぜ、口話ができるの？」とよく聞かれる。

耳が聞こえない子どもをもつ親御さんからは「日本語の文法や単語の意味などを、どうやって身に付けたの？」と尋ねられたりもする。

耳が聞こえないと日本語の学習は簡単にはできない。聴覚に重度の障害があると相手の話している声も、自分の声さえも聞こえない。聞こえないものを再現するのは難しいので、耳が聞こえない人は、往々にして言語障害を伴う。私の両親もそうだった。そして、日本語を十分に使えないことでたくさんの理不尽な思いもする。

私自身は、十分ではないにしろ、耳が聞こえる人が何を言っているかを理解し、コミュニケーションを楽しむことができている。どうすればそんなふうになれるかは、耳の聞こえない子どもを持つ親にはとても興味深いことのようだ。

口話を使えるようになったのは、小学校に転校したことで周りは耳が聞こえる人ばかりで、手話を使える人がいない状況に追い込まれたことが大きな要因と思う。

もし、自分の殻に閉じこもり、交流しようとしなかったら、私は、無口で静かな人だと思われ、いじめの標的になってしまったかもしれない。だから、自分を守ろうとどんどんしゃべるようにした。

耳が聞こえる友達と遊んでいるうちに、自然と口話が身に付いていったようだ。それで小学校の3年間は学校では手話を使わなかった。視覚で相手が話す口の動きを理解する〝読唇術〟で読み取り、口話で話しかけていた。

しかし、読唇術で話の内容を完璧に理解していたわけではない。読み取れなかった単語は、勘を働かせたり、憶測や想像で補っていた。何より感謝するのはクラスメートたちが、私の耳が聞こえないことを知って、口を大きく動かし、ゆっくり話してくれたことだ。そのため、読唇術がしやすく、気負うことなく話すことができた。

言いにくい単語は言い換えて

私は、口話を完全にマスターしているわけでない。まだまだと感じることばかりだ。特に「が」行と「ざ」行と「だ」行の発音がうまくできない。だから、「が」行と「ざ」行と「だ」行が出てこない言葉を選びながら口話をしている。「ざ」行が出てくる「自転車（じてんしゃ）」を「サイクル」と言ったり、「自動車（じどうしゃ）」も「車」と言い換える。実は、自分の名前である「春日（かすが）」も言いにくい言葉のひとつ。

「靴（くつ）」のように「う」段が連続する単語、「7時（しちじ）」のように「い」段が連続している単語の発音も手ごわい。「靴」は「シューズ」、「しちじ」は「ななじ」と言い換える（シューズも「う」段が連続しているが、私には「靴」よりも言いやすい）。自分の弱いところをさまざまな工夫で補って、なんとか会話をしている。

ろう者は日本語が苦手

小学校に通ったことで日本語に関するさまざまなことが理解できたことはもちろんだが、これまで当たり前に使ってきた手話についても改めて気付いたことが多くあった。

耳が聞こえる人は、「手話は日本語と同じ使い方をするんじゃないの？」と思っているかもしれない。しかし、手話と日本語は大きく異なるのだ。

例えば日本語の、

「今日は天気がいいですね」は、手話だと

「今日｜天気｜いいですね」もしくは

「いいですね｜天気｜今日」と表す。

手話では「てにをは」といった助詞を用いない。

しかし、日本語では助詞が必要だ。

「あなた｜わたし｜見る」という文章に入る助詞を考えてみると、

わたしはあなたを見る

わたしをあなたは見る

わたしとあなたは見る

わたしのあなたは見る

といくつかのパターンがあり、どれも意味が違ってくる。

では、助詞のない手話では、どのように助詞の役割を補っているのか。答えは、〝間〟の活用にある。手話では言葉と言葉の〝間〟も活用して意味を補っている。

〝間〟の活用を「自分が行く」という文で説明していく。

手話で「自分が行く」を表す時は、まずは、人差し指を自分に指して〝自分〟を表した後、その指を前に向かって動かして、〝行く〟を示す。さらに意味を加える時は、言葉と言葉の〝間〟に、顔の表情を入れるのだ。それでさまざまな意味をもたせる。先ほどの「自分」行く」という文章の間にいろいろな表情を入れて意味を考えてみる。

「自分（笑顔）行く」と表現すると「遊びに行くね」

「自分（怒る顔）行く」と表現すると「もう帰る」「自分が取りに行く」

「自分（眉を上に動かす）行く」と表現すると「遊びに行っていい？」となる。

表情を変えたり、その場面の状況によって他の意味を表すこともでき、「自分」行く」＋〝間〟の活用で表現できる内容は、いくつものパターンがあると思う。このように手話は助詞を使って意味の違いを出すのではなく、表情を入れ込むことでさまざまな意味を表現する。手話の〝間〟を使った表現は、表情が正確に読み取れずにあいまいになり、伝わりにくいと思う人もいるかもしれない。しかし、見方を変えれば、たった一つの動作で、いろいろな意味が生まれる、とても便利な表現とも言える。

こういった手話と日本語の違いを見ていくと、日本語にあって手話にはない表現、逆に手話にあって日本語にない表現があることを納得してもらえるだろう。

手話はさまざまな動きをスピーディーに展開していくので、助詞を使う余裕がないということもある。もし、手話に助詞を入れたら、「が・は・に・で・や」などを一つずつ、指文字で表現することになり、手話をするのに時間がかかってしまうのだ。

文字を持たない手話

手話は、手と表情を使って表す、いわば〝動く〟言語。視覚を通して会話が成り立ち、紙に書いて表現することはない。手話は話した次の瞬間に消えていく。日本語や口語もしゃべったら消えていくが、日本語や口話には対応する文字があるので、発言は文字で残すことができる。

その点手話は、文字を持たない。

そう書くと、耳が聞こえない人は、手話がわからない人と話す時は、ペンを使って筆談している。あれは文字で説明しているのではないか、と思うかもしれない。しかし、耳が聞こえる人と耳が聞こえない人では、〝筆談〟の認識が異なると思う。

耳の聞こえない人が、筆談の時に書こうとしているのは、日本語ではない。単語や、絵、線を使って手話を紙の上に再現している感じだ。

わかりにくい感覚かもしれないが、筆談の〝談〟には話すという意味があるが、筆を使ってお互いが話すというよりも、筆を用いて手話で〝語〟っている感じが強い。だから、〝筆談〟というよりも〝筆語〟と言う方が私にはピッタリくる。

耳が聞こえる人は、筆談する時に助詞を気にしながら、正確な日本語の文章を書こうとしているると思う。しかし、耳が聞こえない人は、正確な日本語を書こうという感覚はないはずだ。手話は助詞を使わないので耳の聞こえない人は助詞を十分に使いこなせないことが多い。だから、筆談では正しい日本語が登場すると思わない方がお互いの理解がすんなりいくかもしれない。

このように手話には助詞がなく、文法は日本語ほど厳密でないので、耳が聞こえない人の中には日本語の助詞を含めた文法について知らない人がたくさんいる。一世代前には特に多く、私の母もそうだ。

そんなことも記憶にとどめておいてほしい。そして、もし耳が聞こえない人が、助詞の使い方を間違っていたら、耳の聞こえる人は、優しく教えてあげてほしい。

手話を第一言語として生きる

もし、あなたが日本に住みながら日本語がわからないとしたら、どんな不便や、困難を感じるか想像してみてほしい。

ニュースを見ても、新聞の記事を読んでも、内容の半分程度しか理解できない。そのため、どんな事件が起きたのか把握できず、防止策や自己防衛策を立てることが難しくなる。

病院に行っても、正確に病状を医師に伝えられない。医師の質問の意味もわからないから、正しい薬を手に入れることができず、重症化するケースもある。日本人が海外で病気になった時、言葉が通じずに困ってしまう状況と同じことが起きることになる。

難しい文章で書かれている契約書に関しても、耳が聞こえない人は、辞書やネットで調べたとしても正しい意味を把握するのは容易ではない。そのためか、耳の聞こえない人が、意味がわからずサインしてしまい、詐欺にあったり、お金を盗られたりしたという話を聞いたことがある。

時々、病院や交番などで、耳が聞こえない人が筆談をして行き詰ってしまっていることがある。日本語として正しい文章が書けないので相手に伝わらないのだ。

相手から正しい文章で回答してもらっても、難しい単語が書いてあると耳が聞こえない人には正確な内容が伝わらないこともある。

このことは、英語がよくわからない日本人が英語圏の国で生活しているのと似ているかもしれない。耳が聞こえない私たちは、日本にいながら〝もう一つの日本〟という国で生活しているような感じに陥っていることがある。

アニメが運んできた日本語を深く学ぶチャンス

転校した当初、手話しか知らない私は、授業もクラスメートとのコミュニケーションも、とても苦労した。

ろう学校の授業で黒板に書かれていたのは、シンプルな日本語の文章だ。しかし、小学校では、先生は長い日本語の文章を書く。私は、正確な日本語が理解できていなかったので、初めは全く意味がわからなかった。

しかし、私は「わからないから、もう、いいや！」とは思わなかった。耳が聞こえる人ともっと仲良くなりたいという一心で、家に帰って、辞書で調べたり、友達にわからない言葉の意味を聞いたりした。

そして、もっと耳が聞こえる人と友達になりたいと思っていた私は、放課後に活動しているイラストクラブに入った。弟と妹がいつもアニメを見ていた影響で私もアニメ好きだったのだ。耳が聞こえない私は、テレビの映像を見ても、何をしゃべっているのかわからないのだが画面上で、話が展開していくのを〝見る〟のが楽しかった。そしてアニメがきっかけで、思いがけず正しい日本語の使い方を学ぶ機会に恵まれた。

イラストクラブでは、マンガの絵を描写して、みんなの前で発表する。参考にするための資料としてみんなが『週刊少年ジャンプ』『月刊コロコロコミック』『月刊コミックボンボン』などを持ち寄っていた。

ここで私は、マンガ雑誌というものを初めて知った。子ども向けマンガでは、漢字に振り仮名を振っているものもあり、とてもよい私の日本語の教材となった。

まず、マンガ雑誌に掲載されたマンガを読む。その後、その内容がアニメ放送されると、そのシーンをマンガの中から見つけ出して読み返す。私が、初めてアニメのストーリーを理解するのはこの時だ。「あぁ、あの時、口パクで言っていた内容はこれだったんだ。弟と妹は、このシーンがおかしくて笑っていたんだ」と。そうわかった時の感動は忘れられない。

アニメの登場人物が「あの時、何を言っていたのか、もっと知りたい。どんな意味で言っていたのか、正しく知りたい」と思うようになり、マンガ雑誌を買い漁るようになった。手に入れたものは、何度も何度も読み返した。そして、アニメで見たシーンをマンガ雑誌で読み直しては、「こういうことを言っていたんだ」と口パクの内容を確認した。意味がわからない単語があれば、辞書で調べ、「あの場面ではこういう意味で使っていたんだ」「この言葉はこんな場面の時に使うんだ」と一つ一つ頭の中に入れていった。こうした積み重ねで日本語の使い方を覚えて、覚えたものは実際に使っていった。

今は、テレビのリモコンの「字幕ボタン」を押せば、字幕が表示されるので、耳の聞こえない人でもテレビが楽しめる。でも、私が小学校の時はテレビに「字幕機能」なんてなかった。私にとってテレビは、ただ映像が流れているだけの機械だった。でも、みんなが楽しそうにテレビを見ているので「何を話しているのか知りたい！」とずっと思っていた。

当時、テレビにつなげると字幕が出るという字幕レコーダーが発売されていたが、とても高額だった。しかし、母が、私のためにその字幕レコーダーを買ってくれたのだ。そのおかげで限られた番組ではあるもののどんなことが話されているのか、映像を見ながら知ることができるようになった。弟と妹をはじめ耳が聞こえる人と同じタイミングで笑えるようになったことはとても嬉しいことの一つだった。

最近はテロップ付きのテレビ番組やニュースが増え、画面の隅に小窓で他のシーンを映し出すワイプも広がっている。ワイプにはメインの人以外の出演者の表情が映し出されたりする。同じテレビ画面の中で、情報を入手する手立てが増え、耳の聞こえない私のテレビを見る楽しみが広がってきている。

アマヌマ先生との出会い

私が日本語を覚えていく下地を作ってくれたのは、石神井ろう学校の高等部で国語を教えてくれたアマヌマ先生だった。

両親も耳が聞こえないので、正しい日本語を教わるチャンスもなく、自己流に勉強を進めていたため、私の日本語は使い方が間違っていることがあった。アマヌマ先生は、「その使い方は違うよ。この場面ではこう使うのよ」「この文法は少し変だね。こうすると良い表現になるよ」と丁寧に教えてくれた。

「ここは違いますよ」と指摘することは難しくないかもしれないが、「では、どうすれば正しくなるのですか。教えてください」と言われ、それを指導するのは簡単なことでない。しかし、アマヌマ先生は、私が誤って使っていた日本語にきちんと向き合い、使えるようになるためのたくさんのアドバイスをくれた。それで、私の整えられていない日本語が正しく修正されていった。

アマヌマ先生は、いつも優しくアドバイスしてくれた。もっともっと日本語を学びたいと、やる気が湧いて来た。

そんなアマヌマ先生がいたから、私は、国語が大好きだった。

手話の語彙数は日本語よりもすごく少ない

小学校に行って、遅れていた日本語の学習を進めていくと、これまでわからなかった、先生や友達が話している内容、授業や教科書なども理解でき、「日本語っておもしろい！　日本語って、美しい！」と思うようになった。それまで知らなかった言葉に出会い、「なぜ、こういった表現をするの？」と疑問をもったら、すぐ辞書で調べたり、先生に聞いたりした。

小学生の私が日本語を学んでいく中で一番苦労したのが日本語を手話に直すことだった。その日、学校であったことを母になかなか上手に説明することができなかった。私の母は、日本語が苦手だったこともあって、日本語をそのまま手話に直しても、うまく伝わらないのだ。

手話を日本語にするのが大変だったのは、手話は生活に必要な最低限の表現しかなく、単語数が非常に限られていることが理由だった。

日本手話はいったい何語あるのか？全日本ろうあ連盟発行の『わたしたちの手話　学習辞典』では約８０００語ということになっている。新しい手話や、地域によって違う手話を含めると約1万語はあると言われている。

一方、日本語の語数といえば、『日本国語大辞典』には50万語収録とある。

これを単純に比較するのが正しいかわからないが、とにかくこの差は、とても大きい。小学校で聞いた話を母にしたいのに、その内容に相当する手話がないから表現できないことがたびたび起きた。

難解な仕事を担う手話通訳士

小学校のある日、NHKの番組を見ていると左下のワイプに手話をする人が映し出されていた。

「私と同じように手話を使っているよ。一人で何をしているの？」と母に聞くと、「あれは手話通訳で、アナウンサーが話している内容を手話に変えているんだよ」と教えてくれた。日本語をすぐに手話に言い換えられるんだ！　とその時知った手話通訳士の能力のすごさに小学生の私はビックリし、尊敬の念を抱いた。

「実際に日本語を手話に翻訳している人がいるのだったら、私だってできないことはない！」と気合を入れて母と話をするようになると日本語を手話に訳すコツが少しずつわかってきた。

〝日本語〟と〝手話〟の2つの言語の学びも深まり、耳が聞こえる人がいる世界での生き方も楽しめるようになった。

この本の中の日本語も実は、手話表現のある単語しか使っていない。

日本語を手話に訳すとなると、語彙数が少ないのですんなり表現できないことも多い。それを補う方法が手話に顔の表現をつけることだ。

例えば、「ちょうだい」を日本語で、思いの強さに合わせて言い換えるなら、
思いが〈弱〉↓「分けて」

〈中〉↓「ちょうだい」

〈強〉↓「よこせ（くれ）」

となるだろう。手話の場合、他人からなにかをもらう時に使う単語は「ちょうだい」一つだけ。思いの強さに応じて言葉を使い分けることはしない。というよりも、その時の思いに合わせた表現が見当たらない。そこで、「ちょうだい」という一つの単語に、顔の表情の強弱をつけることで、思いの強さを付随させる。

思いが〈弱〉↓〝笑顔〟で、「ちょうだい」

〈中〉↓〝おねだりするような顔〟で、「ちょうだい」

〈強〉↓〝眉を上げて怒りに近いような強い思いを込めた顔〟で、「ちょうだい」

と顔の表情を変える。

手話はこんなふうに語彙数が少ない分、顔の表情で思いの強弱や相手に対する気持ちなどを補足しているのだ。これは「ちょうだい」だけでなく、他の単語を使う時も同じ。

こういった使い方を理解すれば、手話で話す人の表情が豊かなのも理解してもらえるだろうか。

危険度が伝わる手話通訳士のいる会見

手話を日本語にする時は、どの言葉を選べばいいのか迷うものだが、顔の表情を考慮しつつ日本語を選び出すためには、手話だけでなく日本語にも精通していないといけない。とても高度な技術が必要だ。

耳が聞こえる人の大半は、手話さえ覚えていれば手話通訳は難しくないと思っているんだろうな、とテレビで政府の記者会見を見るたびに強く感じる。

日本語を手話にするのは簡単なことではないと耳が聞こえない私たちは、わかる。しかも政治のとても難しい内容だ。「担当している手話通訳士は、大変だな」と心配してしまう。そのことが気になって、手話通訳が頭に入ってこないこともある。

記者への回答に対して次々答えて話し続けるのではなく、手話通訳士が頭の中で整理できるように、〝間〟をとってくれればいいのに、とテレビの前で私は思っている。

そして、気になることがもう一つある。記者会見終了と同時に別の番組に画面が切り替わったことがあった。手話通訳の途中で放送が打ち切られてしまったのだ。

耳が聞こえない私たちは、正しい情報をタイムリーに得るために〝手話通訳士〟がとても重要なのだ。

ニュースでは字幕が少し遅れて流れてくることもあるが、文字だけでは緊迫感や臨場感が伝わりにくい。例えば、耳が聞こえる人は「たいへん危険です」というアナウンサーの声の強さなり、厳しい調子で危険度が判断できると思う。これが、文字だけだとなかなか危険の程度までは伝わってこない。私たちは避難勧告や警報などは、手話通訳士の表現を見て、危険度を判断する。

手話通訳士が即座に訳してくれる放送は、字幕に頼らず、耳が聞こえる人たちと同じタイミングで情報を得ることができるので、ありがたい。だからこそ望むのは、最後まできちんと内容を手話通訳してほしいということ。

耳が聞こえない者として、国がいま一度、手話通訳の重要性を考えてくれることを望んでいる。

赤ちゃんにも伝わる手話

私は、手話を我が子との〝ベビーサイン〟として活用していた。

私の子どもが、4か月になり目が見えるようになってきた頃、入浴することを理解させようと、手話の〝体をゴシゴシ洗う〟表現をしてみた。次の日もまた次の日もして、何度も何度もすることで、それがお風呂に入る合図だとわかっていったみたいだ。〝体をゴシゴシ洗う〟表現をするとキャッキャと手と足をバタバタして大喜びをするようになっていった。

「ご飯」を表す〝パクパク食べる〟手話もすっかり覚えたようで、そうすると待ちきれないように「早く！　早く！」という顔をする。他にも「終わり（ごちそうさま）」という手と手を合わせる合掌や、「待って」という手をパーにする手話を〝ベビーサイン〟として使って、私たち親子はコミュニケーションをとっていった。乳幼児に伝わる〝手話〟はまるで〝魔法の言葉〟みたいだと感じた。

生まれて間もない我が子がこちらの意図を理解し、それに対して反応する姿を見るのは非常に嬉しい。

＊はる語録＊

〝ため息〟を吐くなら、〝深呼吸〟しよう。

第3章

耳が聞こえる人がいる世界を知る

耳が聞こえない人にとって困ること

世の中が変わって、徐々にではあるが、耳の聞こえない人たちへの差別や偏見は軽減されてきたように感じる。とはいえ、まだまだ差別を感じることも多い。

耳が聞こえない人に対する差別や偏見をなくしていくには、私たちのことを知ってもらうことが一番の近道だと考えている。

最初に伝えたいのはやはり、事あるごとに感じる、耳が聞こえないことでの苦労や困ったことだ。

代表的な例は、相手を呼ぶ時。テーブルの向こうにいる人に気づいてもらいたい時、耳が聞こえる人は名前を呼ぶ。耳が聞こえない人は、机の上を軽くドンドンと叩いて〝振動〟を起こして呼ぶ。これは、耳が聞こえない私たちにとって〝当たり前〟のことだ。しかし、耳が聞こえる人がその場にいたら、ビックリしたり、「マナーが悪い」と思ったりするかもしれない。

集会で舞台に注目してほしい時、マイクを使って「舞台の方をご覧ください」というのは、耳が聞こえる人。耳が聞こえない人の集まりでは、照明のスイッチを切ったり、入れたりを繰り返し、明暗で視覚に訴え、注目してもらう。その場に耳が聞こえる人がいると「何が起きたんだ⁉」と驚くだろう。

玄関のインターホンは「ピンポーン」という音が鳴って、来客を知らせる。一方、聴覚障害者専用チャイムでは、光がフラッシュして、お客さんの訪問を伝える。

耳が聞こえる人は、目覚まし時計の音で起きるが、聴覚障害者専用の目覚まし時計は、ブルブルという振動で起床時間を知らせる。耳が聞こえない人にとって当たり前の生活パターンは耳が聞こえる人にとって当たり前ではない。

大事なのは障害者のことを知ること

そんな違いが少しずつ理解されてきたのは、確かだ。

私が小さい頃は、公の場で手話をすると〝手まね〟と揶揄されたり、避けられたりすることもあった。逆に、物珍しさからなのか、好奇心でずっと見ている人もいた。

私が子どもの頃は、耳が聞こえないためにやりたいことが制限されてしまい、寂しいと感じることも多かった。お店やテーマパークに行っても、耳が聞こえないだけで入場を断られることがあったのだ。

携帯電話やスマホのメールが普及していない時代は、友達との待ち合わせでも、道に迷ったり、電車の遅延があったりすると、連絡が取れなくて、会えずに帰ることもあった。当然だが、耳が聞こえないと電話は全く用をなさない。

電車の遅延などのトラブル時は、車内の放送が聞こえないので何が起こったのかわからず戸惑ってしまう。状況がわかっても、電話のような手軽な連絡手段が使えなかったので会社に遅れることを連絡することもできなかった。

しかし、私が生まれる前は、もっとたくさんの差別や偏見、耳の聞こえない人にとって不都合なことがあったはずだ。聴覚障害のある高齢者は多くの困難を乗り越えてきたに違いない。

各地方自治体における〝手話言語条例〟の施行により、差別を感じる場面が減ってきたことを実感する。手話の普及を定める手話言語条例のおかげで手話の認識が広がり、公の場で気兼ねなく、手話を使うことができるようになった。また、耳の聞こえない人の存在が認められ、その困難に配慮が及んで駅や病院などに筆談ボードが設置されるようになってきた。

しかし、〝障害者差別解消法〟施行の効果は、なかなか実感できない。

政府は「障害者差別解消法を施行しました。障害者へ合理的な配慮をしてください」と呼び掛けてはいる。しかし、企業や自治体の自主性に任せているためなのか、障害者差別解消法の研修会や講習会や説明会やセミナーなどが活発に実施されているようには見えない。国民の多くは障害者差別解消法は、いったいどんな内容で、障害者のためにいったい何をすればいいのかわからないようだ。スタートしたばかりで改善すべき具体的なケースやデータが集まらず、戸惑っているのかもしれない。

そうであるなら、障害者が日々の生活で感じる「これはおかしい」「こんな事に困っている」ということについて、声を上げて、対処していくことで差別解消の参考例を増やしながら方向性を探っていくしかないと思う。

法律は大事だが、一番大切なのは〝理解〟だ。差別は、お互いに対する理解不足から生まれる。障害のことを知ることで防げる差別も多いはずだ。私たち耳が聞こえない人はどんなことに不便を感じるのか、どのように援助すればいいのか、障害者の気持ちになって、しっかりと考えてほしいのだ。

耳が聞こえない人に限らず、目が見えない人、四肢に障害のある人、身体のどこかに不都合を感じる人への理解をもっともっと深めてほしい。

障害のある人に丁寧に向き合って

「耳が聞こえないからできない」と思われることが多い。これも理解不足から来ていると思う。私たちは耳が聞こえないだけであって、できない訳ではない。何かをする時に、耳が聞こえる人とは別の指示が必要なだけだ。耳が聞こえない人への仕事の依頼などは、筆談なり、メールなりで、丁寧にわかるように伝えてくれればいいのだ。

耳が聞こえる人から突然、話しかけられた時、耳が聞こえない人が相手が何を言っているのか、わからなくて、「ん?」という顔をすると、笑う人がいる。そういう行動をそばで見ている人も、いずれ同じことをするようになるのではないだろうか。そういった反応一つ一つが〝差別〟を広げていくのかもしれない。

逆に耳が聞こえない人たちは、耳が聞こえる人から〝不完全な手話〟で話しかけられたとしても、笑ったりはしない。相手の思いを理解するためにメモを示して「書いてください」と伝えるだけだ。

耳が聞こえない人は、相手の言うことがわからなかったからといって、笑っている余裕なんてない。「意思疎通するためには、どうしたらいいのか?」を真っ先に考えて、筆談なり身振りなりで、必死に意思疎通を図る。耳が聞こえない人は、こうやって耳が聞こえる人にきちんと向き合おうとしている。だから、耳が聞こえる人も、障害のある人にきちんと向き合ってほしいのだ。

よく口にする「私は、耳が聞こえません」

耳が聞こえない人は、手話で話す時、声を発しない。耳が聞こえる人と話す以外に声を出す機会はあまりない。人にもよるが、口話の機会はそれほど頻繁ではないかもしれない。

声を出せるなら、そうすればいいのにと思うかもしれないが、発音・発声をすることで、かえって厄介なことになるケースもある。

お店で「すみません」と言うと店員さんは私のことを〝耳が聞こえる人〟だと思って、口話で話しかけてくる。私としては、気付いてもらうために声をかけたまでで、口話で返答されても内容が理解できない。

車いすの人は、〝足の不自由な人〟だとわかる。白杖を頼りに歩いている人は、〝目が見えない人〟だとわかる。しかし、耳が聞こえない人は、外見からはわかりずらい。これが私たちのジレンマだ。最初から〝耳が聞こえない人〟として対応をしてくれたら、ことがスムーズに運ぶのにといつも思う。

最初に「私は、耳が聞こえません」と言えばいいだけなのかもしれない。しかし、ここにも葛藤がある。知らない人にわざわざ、自分の障害のことを話す必要があるのか、と思ってしまう。違和感を覚えるのだ。「私は、耳が聞こえません」と言うのは、知らない人に「私は、男です」と言っているのと同じような感じがする。言っても言わなくてもいいことをわざわざ言っている、そんな気がしてならない。

私がこれまで耳が聞こえる人に対して〝口にした言葉のランキング〟を作るとしたら、1位は「ありがとう」、2位は「私は、耳が聞こえません」だ。生活していく上で、言いたくない言葉を頻繁に口にしていることになる。

エネルギーを必要とする口話

耳が聞こえない人には、声を出すことに抵抗を持っている人が多いはずだ。それは声を出すと疲れてしまうことが原因だ。

なぜ疲れるのか?

それは、言語障害を伴う耳が聞こえない人は、声を出すことに自信がないから。

日常生活の中では手話を使う場合が圧倒的に多く、普段は声を出さないで済む。それで、声を出すべき場面に立たされると気力だけでなく、体力も奪われる。だから、口話はなるべく避けたい。

そんなこともあって耳が聞こえる人に、時々「すみません」とは言わずに、肩をポンポンと叩いて注意を向けてもらうことがある。しかし、耳が聞こえる人はそれに慣れていないらしく、驚く。私はただ用事があって気付いてほしかっただけなのに、と寂しい気持ちになる。この状況をどうしたらいいのか、答えは見つからない。

最近、外国からの観光者が増えて、街のいたるところに英語や中国語やスペイン語など、いろいろな言語の案内板、サービスが増加している。通訳するスタッフも増えているようだ。それなのに、手話のできるスタッフが増えてこないのは、なぜなのだろう?

こんな体験から考える私の提言はこうだ。

耳が聞こえる人と聞こえない人とのお互いのコミュニケーションを活発化させるために、耳が聞こえない人の口話訓練を徹底させるのではなく、耳が聞こえない人が大切にしている〝手話〟という表現方法を尊重する。そのために耳が聞こえる人が簡単な〝手話〟や、耳が聞こえない人への向き合い方を知っておくこと。そうすれば、お互い仲良く共存できるのではないかと思う。

指差し注文から見えてくる障害者理解

ここで、私たちが日常生活で具体的にどんなふうにコミュニケーションをとっているか、触れておこう。例に出すのは、飲食店での注文のシーン。

店内にあるメニューを見ながら食べたいものを指で差すことが多い。時々、「オーダーは口で言って」と言われるが、その時は、耳が聞こえないことを伝えると、ちゃんとメモを用意してくれることもある。

耳が聞こえる友人と飲食店に行く時は、友人に食べるものを伝えてもらうが、耳が聞こえない私と母、耳が聞こえる弟と妹の4人の時はちょっとユニークな展開となる。この時も私と母は自分の指で差して、店員さんに伝える。耳が聞こえる弟と妹が私や母の分をオーダーすることはない。それで、注文した後に店員さんは母に「ドレッシングは何にしますか?、デザートは食後にしますか？」と聞いてくる。

そう言っても母が理解していないことに気付くと、店員さんは弟と妹に尋ねてくる。しかし、弟と妹は、店員さんに母の意思を伝えるのではなく、「母は耳が聞こえないんだ」と説明する。するとそれを聞いたスタッフは、紙に書くなり、身振りをするなりして、母の意向を聞く。

弟と妹は、この機会に、お客さんの中には、耳が聞こえない人もいることを知って、その対応を学んでもらいたい、と考えているのだろう。

耳が聞こえない人にとって困ること　～日常生活～

耳の聞こえない私が日頃どんなことに困っているかを紹介していく。耳の聞こえない人の理解につながってほしい。

① 限られているストレス発散方法

耳の聞こえない私が、耳が聞こえる人たちと同じ世界の中にいるとき、気が休まる時はほとんどない。〝障害〟を理解してもらえないことでストレスを感じたり、誰かから声をかけられやしないか、後ろから車や自転車が来やしないか、常に危険と背中合わせで警戒心を持ちながら過ごしている。

耳が聞こえない人は、耳が聞こえる人と話す時間が少ない。そもそも、耳が聞こえる人から話しかけられることも少ない。そうなると一人でこもっている時間が長くなりがちで、常に孤独を感じている。逆に、孤独に慣れているというか、孤独に対する忍耐力が強いとも言える。それでも耳が聞こえる人に自分のことをわかってもらえるように話してみたいと思うし、手話ができない人が相手なら筆談で話したいと考える。こんな「誰かと話したい」という思いがたまってくるとストレスになる。

人一倍警戒心を持つ必要があることと、「誰かと話したい」と思うことが合算されて、ストレスをさらに強くする。

こんなふうにストレスが溜まりやすいのに、それを解消する手立てが少ないのは考えものだ。皆さんのストレス解消方法や、心を癒す方法を考えてみてほしい。

好きな歌手の音楽を聴くこと？　それに合わせて踊ること？　歌番組を見ること？　カラオケをすること？　お気に入りのパーソナリティのラジオ番組を聞くこと？　自然派なら、葉音や草木のざわめき、川のせせらぎ、小鳥のさえずり、風鈴の音など、自然の音で癒されるかな？

耳が聞こえる人は、〝音の世界〟があって、音楽で勇気付けられたり、癒されたりすることがあると思う。でも、耳が聞こえない人は、音楽の世界に入ることができない。耳の聞こえる人のように、手軽な気分転換だったり、癒しだったり、自分を奮い立たせる手段としての〝音楽〟がない。

娯楽やストレス解消法は耳の聞こえる人に比べてかなり少ないはずだ。ストレス解消は、もっぱら旅行や映画や温泉など、目に見える形、身体で感じる形に限られる。

② 無人駅や無人交番や金融機関のインターホンや電話対応

落とし物だったり、車をぶつけられてしまったり…困った時、交番に駆け込んだら無人交番だったことがあった。机の上の電話機脇のボードには、「緊急の場合、電話してください」と書いてある。耳が聞こえない私にとっては、本当に困る場面だ。交番の近くを歩いている人の力を借り、代わりに電話してもらってなんとか対処できた。

金融機関のATMには、「トラブル時は設置してある電話機やインターホンを使って連絡してください」と掲げられている。こういう場面でも途方に暮れてしまう。誰かが来るまで待って、その人にお願いして代わりに電話してもらうしかなかった。

クレジットカードでトラブルが起きて「本人確認のため、電話してくださいとお店の人に言われたことがある。私自身は電話できないので他の人に電話をかけてもらった。すると「代理は、受け付けません」と返ってくる。いったいどうすればいいのだろう？　こんな時も頭を抱えてしまう。

③　長く待つのは覚悟！　飲食店の順番待ち

飲食店が満席の時、名簿に名前を書いて待つのはみんなと同じ。しかし、耳が聞こえないと順番が来て名前を呼ばれてもわからない。仕方ないから、名簿の近くに立っている。すると先に並んでいた人は、割り込まれた、と思うのだろうか、嫌な顔をされることがある。それで、名簿から離れたところで待ったりもするが、いつ順番が来るのかと気が気ではない。店員さんに耳が聞こえないことを伝えたりもするが、同じ人がずっと店内への案内をしている訳ではない。オーダーを取ったり、レジを打ったりもする。別の店員さんだって、順番が来たお客さんを案内する。

耳が聞こえないことを伝えておいた店員さんが私たちのことを他の店員さんに伝えていなくて、席を案内されるまでにずいぶん待つことになった回数は、数えきれない。

④ 音で終了を知らせる電子機器

電子レンジや洗濯機やタイマーなど、終了やできあがりを音で知らせる機器を使う時は、その前で待機して終了するのを見届ける。おかずを電子レンジにセットしてスイッチを入れた後に、他のことに取り掛かると、そのままチンの音に気付かず、食事が終わってから「あれ、忘れていた」と食べるつもりだったおかずの存在に気付くことは珍しくない。たまに、翌日にレンジを使おうとしたとき入れっぱなしだったことに気づくこともある。

⑤ 問い合わせ先・連絡先が電話番号だけ

イベントなどの問い合わせ・参加申し込み先に電話番号しか記載していないことがある。「耳が聞こえない」と伝えても、連絡先として知らされるのはメールアドレスではなく、電話番号。キャンセル時の連絡も電話のみというところも未だに存在する。参加申し込みや予約をするだけでかなり骨が折れてしまう。

⑥ 手話通訳を介したコミュニケーション方法

手話通訳士に向けて話すのではなく、会話をしている私に向かって話してほしい。話しているのはあくまで私なのだから。

番外編① どうしてそうなるの？ 事件やトラブルの対応

私が事件に巻き込まれて、警察官が来たとする。早期解決のために警察官はすぐに初動捜査に取り掛かる。それで、すぐに事情聴取できそうな人を選ぶ。そうなると、まずは耳が聞こえる人が事情聴取を受けることが多い。その間、被害を受けた私は待たされることになる。

別のケースでは、目撃者は私で、耳が聞こえる友人はそばにいただけなのに、警察官は耳が聞こえる友人ばかりに話を聞く。「事件の現場を見ているのは私なのに！ なんで？」と思う。仕方ないことなのかな？

番外編② 取り越し苦労は無用！ 私たちは安全運転

「耳が聞こえないと、運転していて他の車とぶつかることが多いんじゃないの？」と尋ねられたことがある。聞こえない分、アンテナを張り巡らせて警戒しているので、耳が聞こえる人より事故率は低いのではないか、と内心思っている。外出時は注意を怠らず、特に自分の後方には警戒しながら歩いている。それで「あそこは危ないかも」という動物的感覚が磨かれている。自己防衛能力は耳が聞こえる人よりは高い気がする。

番外編③　耳の聞こえる人ほど楽しめないバスツアー

耳の聞こえる人が楽しめるのに、耳の聞こえない人がなかなか楽しめないものとして、ガイドさんが案内してくれるバスツアーが挙げられる。

ガイドさんはマイクで「右に見えますのは○○です。次に、左をご覧ください。○○です」と案内するが、耳が聞こえない私たちにとっては何もわからない。ただ、示された建物や景色を見るだけになるので、バスツアーに参加することはほとんどない。

耳が聞こえない世界のあるある

耳が聞こえないゆえにたびたび経験することにはいくつか決まったパターンがある。

①　何をするにも大きな音が出る

耳が聞こえない人はドアを閉める音が大きいらしい。実際、どれくらい大きな音なのか、わからないが、きっと強く閉めているのだろう。それで、車から降りた途端に「ドアは、静かに閉めて！」と注意される。そんなことを言われるとは思っていないので、言われるとちょっと驚く。何気なく学校の教室のドアを閉めたら、「怒っているの？」と聞かれたこともあった。

コップなどを置く感覚も難しい。何気なく置いたつもりだったが、ここでもビックリされて、「静かに置いて。怒っているの？」と言われた。

「足音が大きい」と注意されたこともある。そう言われて初めて、耳が聞こえる人は足音に気を遣って歩いているんだな、と思い至る。

「食べる音がうるさい。口を閉じて咀嚼すればいいよ」とアドバイスをもらったことがあったが、耳が聞こえない両親のもとで育つと、音を出さない食べ方を教えてもらう機会はない。

こうした指摘で、耳の聞こえる人たちはさまざまな〝生活音〟を出さないように配慮しつつ、音から感情も読み解いていることにも気付いた。

② 外国人と間違われる

イベント会場でスタッフから話しかけられても、何を話しているのかわからないと「ん？」と反応してしまう。すると今度は、英語だったり、中国語だったり、韓国語だったり、と外国語で話してくる。「日本語が通じないから、外国人だ」と思われたのだろう。でも、私は外国人じゃないんだけどなぁ。

耳が聞こえないことを伝えると筆談してくれた。

③ 耳の聞こえない人に悪い人はいない？

パトカーに乗った警察官が職務質問のために私に声をかけたらしい。〝らしい〟というのは、そのことに気付かなかったのだ。それでそのまま歩いていたら、パトランプをつけたパトカーに横付けされた。この時は驚いた。

ある時は、自転車で追っかけてきて後ろから肩を叩く人がいる。誰だろうと思って、振り向いたら、警察官が立っていたので息が止まりそうになった。耳が聞こえないことを伝えると「あっ、そうでしたか。すみません」と去って行ってしまった。

どうして追いかけてきたのだろう？　職務質問をしなくってよかったのかな？　耳が聞こえない人には、悪い人はいないと思っているのか、面倒くさいと思っているのか。今でも不思議だ。

耳が聞こえる人への疑問

耳の聞こえる人たちには当たり前でも、私たちにとっては、不思議なことをしているなと思うことがある。そんな気になっていることのいくつかを挙げてみる。

① 耳が聞こえる人同士が会話する時、どこを見ているの？

耳が聞こえない私は、手話をする時には、必ず相手の目を見る。第2章で説明した通り、手話は語彙が少ない分、言いたいことを目や口や眉などの動きを使って補足するので、顔の表情がとても重要になってくる。顔をしっかり見なかったら、コミュニケーションは成り立たず、〝聞き〟漏らしがでてくる危険性が生じる。

しかし、耳が聞こえる人たちはあまり相手のことを見て会話しているようには見えない。

公園のベンチに座って、しゃべっている風景はテレビのドラマでもよく出てくる。その時は、横に並んで、お互いが別のところを見ている。「言っていることは、どんなふうに伝わっているんだろう?」「それでちゃんと気持ちが通じ合えるのかな?」と耳が聞こえない私は不思議でたまらない。

そもそも口から発する音を使って、会話が成り立っていること自体が不思議。顔の表情も身振りもあまりないのに気持ちが伝わるなんてすごい、と思ってしまう。

②　耳が聞こえる人が電話する時、どこを見ながら電話しているの？

耳が聞こえない私たちは電話が使えない。だからこそ、電話にとても興味がある。耳が聞こえる人たちは電話をしている時、話を聞くことに集中しながら、目はいったい何を捉えているのだろう？　疑問を解決しようと、ジーッと観察していたら「見るな」と怒られたことがあったっけ。

電話をしながらお辞儀している人をよく見かける。この光景も、不思議としか言いようがない。

耳の聞こえる人が受話器や携帯電話を握って、ペコペコとお辞儀しているのは、耳の聞こえない私たちがメールに用件を入力しながら、メール画面に向かってお辞儀しているのと同じようなものなのだろうか？

私自身は、メールをしながら、ペコペコお辞儀したことがないので、いったいどんな心持ちでいるとあんなに何度も頭を下げることになるのだろうと不思議だ。できることなら、当の本人に詳しく聞いてみたい。

それは勘違いです!

耳が聞こえる人たちは、私たちのことを誤解しているのではないか、と思うことがある。耳の聞こえない私たちの真の姿を知ってもらえることをちょっと期待して、感じていることを語ろうと思う。

コミュニケーション編① 読唇術は完璧か?

私は、耳が聞こえる人と話す時、基本的に口の動きを見てそこから相手の言っていることを読み解いている。これが読唇術だ。でも、読唇術は万能ではない。

ここでちょっとクイズに挑戦してもらいたい。

耳の聞こえる人に話しかけられたら、耳の聞こえない人は読唇術でどれくらい読み取れているでしょうか?

答えは、約3割程度だ。

3割というのは、10人のうち3人の話がわかるというのではなく、一人が話している内容のうち3割ほどしかわからないということだ。しかし、その3割だってそれまでに何回か言葉を交わしたことがある人たちを対象にした場合でのことなのだ。何回か話している人なら、口の動きや動きのクセなど、頭の中に徐々にインプットされていて単語が拾いやすくなる。

初対面やほとんど話したことがない人では、話している内容はほとんどわからない。話したことがある人でも、初めて聞く単語には「ん？」となる。話し慣れている人でも話しているその場の状況によって、全然わからなかったりする。その時々によって理解度は変わるが、平均すると読み取れるのは3割ぐらいだ。

一つだけはっきりと言えるのは、短い文章以外100％わかるということは、ほとんどないということだ。

10文節で構成されている文章で具体的に示したい。例えば、

「こんにちは」「はじめまして」「あなたに」「会う」「ことが」「できて」「私は」「とても」「嬉しく」「思います」

という文章の理解度が3割というのは、10文節のうち、3文節程度しか捉えられないということ。つまり、

「　　」「はじめまして」「　　」「会う」「　　」「　　」「　　」「嬉しく」「　　」ということになる。

こんな状態で、会話が成立するのか、と首をかしげる人もいるだろう。でも耳が聞こえない人は、会話がなんとか成立していると信じている。

「3割ぐらいしかわかってないのに、どうして?」という質問には、「私たちがコミュニケーションを取るために立てているアンテナは口の動きだけじゃないから」と答えたい。

ノンバーバルコミュニケーションという言葉があるけれど、耳が聞こえる人だって、話をするときに言葉以外のジェスチャーや表情、声、その人のその日の状況、性格などを織り込んでやりとりしているはずだ。耳の聞こえない私たちは、言葉以外のヒントの上にさらに〝ひらめき〟や〝勘〟などを駆使して、相手が伝えようとすることを推測しつつ、会話の成り行きを予想する。

それは、ジグソーパズルに似ている。散らばっている情報のピースを頭の中ではめ込んでいって、全体像を浮かび上がらせて、何を言っているか、理解していく。

そのために、読み取れなかった部分を憶測で補う〝補完能力〟が不可欠だ。これは、毎日続けていると鍛えられていくと私自身は感じている。

今の私は、読唇術を使う時は必ず、会話の内容だけでなく、目の前にいる相手に関して頭の中にインプットしているいろいろなデータをひっぱり出しながらコミュニケーションしている。

例えば、Aさんと話す時は仕事、よく行く場所、好きなスポーツ、好きな食べ物などさまざまなデータを頭の中に用意しておく。

読唇術で「やき○○」と読み取ったら、即座にインプットしているデータと照らし合わせる。頭をフル回転させて、「『やきにく』と言っている」と判断してもそこでOKは出さない。「やきにく?」とさりげなく聞いて、違っていたら「やきゅう?」なのかなと、こちらもそれとなく答え合わせをして確認する。私は、耳が聞こえる人と話す時、常に3つ以上の話の可能性を頭の中で探っている。

「明日は、○○○○で大丈夫です」と上司から言われたら、「明日は、何の日だったたっけ?」「明日の予定は何だっけ?」など答えを導きだしそうな内容を頭の中から探し出す。

「そうだ! 明日は遅番だ」とピーンときたら、「明日は、ゆっくりで大丈夫です」と言っていたんだと、結論を出す。

こんなふうにインプットしておいたさまざまなデータを〝補完能力〟を使って適切に選び出して会話が進んでいく。

「耳が聞こえる人と話すたびにパズルみたいなことをやっていて疲れないの？」と思われるかもしれないが、耳が聞こえる人がいる世界に足を踏み入れてから30年以上経つ私にしてみれば、日常になってきているのでそんなに苦ではない。

とはいえ、疲れるといえば疲れる。たくさんのエネルギーを費やすので、どこかで休まないと体が持たない。本音で言うと、やっぱり手話でコミュニケーションする方が、気が楽だし、スムーズに言いたいことが伝えられ、理解もしやすい。

みんなに「手話を覚えてください」とはとても言えないけれど、たった一つでもいい、手話を知ってもらえれば、否、手話でなくてもジェスチャーでもいい。目に見え、はっきりと意味がわかる形で話してくれれば、会話の精度が上がるのにな、と常々思っている。

コミュニケーション編②　耳の聞こえない人は考え方がシンプル？

意外だと驚く人もいるかもしれないが、手話には「どうもありがとうございます」という言葉がない。「ありがとう」という言葉はあるが、「どうも」や「ございます」にあたる言い方がないのだ。強い感謝の気持ちを伝えたい時は「ありがとう」という手話に「あなたがいて、助かった」という気持ちを表情にして、思いを伝える。

手話は語彙が限られ、とてもシンプルな構造を持ち、敬語などがほとんどない。そんな手話を使う私たちにとって、遠まわしな言い方が多い日本語は、意味の把握が容易ではなく、混乱することが多い。

中でも「○○していただけると嬉しいです」という文章には特に戸惑ってしまう。耳が聞こえない私たちにとって「○○していただけると嬉しいです」というのは、嬉しいという気持ちを自分自身に言い聞かせていたり、かみしめている独り言としか聞こえない。実際は遠まわしに相手がそのように動いてくれる期待を含んでいて、依頼だと考えた方がすんなりいく場面の方が圧倒的に多い。ニュアンスをくみ取らせるような余計なことはせず、「お願いします」とシンプルに言ってくれた方が私たちにはずっとわかりやすい。

耳が聞こえる人がよく使う「難しい」という単語もまた、意図を見抜くのが〝難しい〟言葉の一つだ。耳が聞こえない人にとっての「難しい」は、もう少し頑張れば、「手に届く」「できる」というイメージだ。だから、「難しいです」と言われると少しは可能性があるのかと思ってしまう。しかし、耳が聞こえる人は「できません」「ムリです」とはっきり言うのを避けて、「難しい」を使っている場合がある。「ムリです」「できません」とはっきり言わないのは、相手が気を悪くしないように、傷つかないようにという優しさからだと今は捉えている。

「難しい」と言われて、もしかしたらなんとかなるかもしれない、と思って何度も裏切られてきた。それからは耳が聞こえる人たちの「難しい」という回答に「それは、ムリということですよね？」とちゃんと確認しておくことも覚えた。そう言うと、耳が聞こえる人たちは、顔を引きつらせて「はい」と返してくることが多い。

豊かな顔の表情も、手話の語彙が少ない分、重要視しているものの一つだ。表情豊かに話すのは、日本人が不得手とするところで、外国人の方が得意のようだ。確かに外国人が話しているのを見ていると、会話の内容はさっぱりわからなくても、表情で困っている、嬉しいんだといった雰囲気は伝わってくる。手話もそんなところが大いにある。

テレビで、耳が聞こえない人が手話で話していると字幕が出るが、変換された日本語を見ると大げさな敬語になっていたり、全く違うニュアンスの言い回しになっていたりして、実際の手話と訳された日本語のギャップに、違和感を覚えることが多くある。

直訳してくれればいいのにと思うが、〝控え目にする〟、〝相手を敬う〟という日本語独特の言い回しによるもので、これは日本語や日本人の良いところでもあり、悪いところにもなるかもしれないな、と感じる。

コミュニケーション編② 筆談なら、すべて理解できる?

どうも耳の聞こえる人は、私たちに対して「筆談なら、ちゃんと理解してもらえるだろう」と思っている気がする。しかし、その認識は、正しいとは言えない。

第2章に書いた通り、日本語が苦手な耳の聞こえない人は少なくない。正しいきちんとした日本語で綴ってもわからない人にはわからないし、敬語や丁寧語が出てくると途端に難しくなり、理解できなくなることもある。耳の聞こえない人に対しては、要点を簡潔にまとめて、ストレートに書いてくれると意味が捉えやすくて、ありがたい。

筆談で耳が聞こえない私たちが見ているのは、書かれている内容だけではない。筆跡や、説明を補う絵からも情報を入手している。筆跡からは、その時々の状況や喜怒哀楽などを読み取る。例えば、書くスピードが早かったら「急いでいるんだな」。書くスピードが遅かったら「ケガしたのかな?」。いつもより誤字が多かったら「疲れているのかな?」と感じ取っている。

コミュニケーション編③ メールは単なる連絡手段?

私たちにとってメールは生活していく上でなくてはならない大事な連絡手段だ。しかし、メールも万全ではない。

電話だったらテンポよく言葉のキャッチボールができる。しかし、メールはそうはいかない。すぐに返事が欲しいのにメールの返信が来るのは1時間後だったり、もっとかかったりする。メールのやりとりの途中で、どちらかに用事が入ってきても、メールの流れが途切れてしまう。耳が聞こえない私たちは情報入手のアンテナが限られていてその時々の状況判断が難しいこともあって、レスポンスのメールはジャストタイミングで欲しい。電話なら何かあった時「すみません。急用が入りました」と一言付け加えることで、「どうしてなかなか返事が来ないのだろう」という不安や心配から電話の相手は解放されるだろう。しかし、メールではそうはいかず、相手に何が起こっているかわからないまま、耳の聞こえない私たちは、返事をずっと待ってしまうことがよくある。

メールのやりとりの中でも最も迷うのが、終了時。相手は「これで用件は済んだ。メールのやりとりは終わり」と思っていても、耳が聞こえない人は「まだ、会話は続いている」と思っていたりする。

次のメールを待っているのに、なかなか返信がないので、直接問い合わせると「用件はすべて伝えたので、話を終えたつもりだった」と返事が来たことがあった。電話だったらきっと最後の証に「ありがとうございます。では、これで」という言葉が来て、終わるのでないだろうか。メールの行間からでは、拾いきれないニュアンスがあるので、終了を知らせるはっきりとした言葉があると、耳の聞こえない私たちはとても助かる。

コミュニケーション編④　補聴器があれば、話が理解しやすい？

聴覚障害者の大半は、補聴器をつけている。補聴器をつけると、確かに〝音〟は聞こえやすくなる。しかし、聞こえてくるのはあくまでも音で、それを〝言葉〟として捉えてはいない。聴覚障害者は耳元で大きな声を出されても、音のボリュームは大きくなるが、〝言葉〟の意味がとらえやすくなるわけではないのだ。

だから、望むのは、口を大きく開けて、はっきりと話してくれることだ。

生活編　夢の中では何語でしゃべる？

耳が聞こえない人が見る夢の世界は、すごく平和だと思う。少なくとも私の夢は平和だ。音のない世界なのは、夢の中でも同じ。そこに現れるのは、知っている人ばかり。実際には、手話ができないのに夢の中では手話が使えたり、口の動きが大きくゆっくりで、言っていることがはっきりと理解できたりして、コミュニケーションがスムーズに取れる。

知らない人も出てくることがあるが、みんな手話で話している。目が覚めて「これが現実だったらいいのに」と何度思ったことか。こんな夢を毎日見るということは、耳が聞こえる人とスムーズに話したいという願望の表れだと自分では分析している。

ちなみに寝ている時に何かをしゃべる寝言があるように、寝手話もある。

耳の機能編① 耳鳴りは耳が聞こえない人にもある？

耳鳴りがよっぽどひどい人なのだろう。「耳が聞こえないと耳鳴りがないのでしょ。うらやましい」と言われたことがある。しかし、耳が聞こえない私も時々、耳鳴りがする。小さい頃、耳鳴りがしたとき、「聞こえるようになった」と勘違いすることもあった。聴力がないのに、耳鳴りがするのは、脳から何か信号が発せられて、それをキャッチする機能が働いているということなのだろうか。これも、耳が聞こえない私にとって、謎である。

耳の機能編② 〝音〟を聞いたことがない人が、初めて〝音楽〟を聞いたら

例えば、「みかん」を見たことがある人が視力を失っても「みかん」と言われれば、記憶を辿って頭の中で丸いオレンジ色の果物を思い浮かべることができるだろう。

しかし、もし見たことないものをイメージして、と言われたらどうなるだろう？ それはとても難しいことで、イメージは浮かぶかもしれないが、実際のものとは遠くかけ離れたものを想像している可能性も出てくる。

では、音を聞いたことがない人が、何かのきっかけで突然耳が聞こえるようになり、生まれて初めて美しいメロディーを聞いたら、何を感じるのか？

〝美しい旋律〟としては聞こえないらしい。その音は、〝雑音〟としか聞こえないようだ。音の識別には、「これはメロディーだよ」という情報を事前にインプットさせておくことが必要になってくるのだろう。

気質編① 耳が聞こえない人はYESマン？

日本人は、言われたことに素直に従ういわゆる〝YESマン〟が多いと外国人から言われるらしい。それとは違うが、耳が聞こえない人も素直に従う〝YESマン〟が多い。それには理由がある。

耳が聞こえる人が話している時、何を言っているかわからなくても、話の中で読み取れた単語があると「うんうん」と頷いてしまう。単語がキャッチできると、頭の中ですぐにパズルが始まる。パズルの最中は、まだ話の内容が理解できてない。会議中に話している内容がわからなくて、「何を言っているか、わかりません」と会議の流れを止めるのは申し訳ないし、雰囲気を壊してしまう。それで、みんなに合わせて、「うんうん」と頷くことはよくある。

気質編② イライラの原因は、〝雑振動〟

耳が聞こえる人がイライラする場面として、集中して勉強や読書をしたい時に聞こえる話し声などの〝雑音〟があると思う。

耳が聞こえない私の集中が乱されるのは、〝音〟ではなく〝振動〟。人が歩く振動、パソコンをガタガタ打つ振動などの〝雑振動〟があると集中できない。耳が聞こえる人が雑音を聞き続けると頭痛など、身体的不調を起こしてしまうのと同じように、耳が聞こえない私も長時間の〝雑振動〟は頭痛や気分が悪くなる原因になる。

活動編① 耳が聞こえない人も、パラリンピックで活躍できる？

オリンピックとパラリンピック、この2つ以外にも五輪があることを知っているだろうか？

オリンピックは、健常者が競う。パラリンピックは障害がある人が競技する。でも聴覚障害者は、運動能力には問題がないのでパラリンピックには出場できない。

では、聴覚障害のあるアスリートはどうなるか？

各国の聴覚障害者連盟が力を合わせて聴覚障害者の五輪「デフリンピック」を開催している。デフとは〝耳が聞こえない人〟という意味だ。

1924年パリで初めてデフリンピックが行われ、それ以降4年ごとに開催されている。デフリンピックにも夏季と冬季がある。2009年アジアでは初めて台湾で行われ、直近では2017年の夏に、トルコで開催された。世界から集まった3000人近くの聴覚障害者が出場している。

しかし、デフリンピックの存在を知っている人はあまり多くない。そのためか、日本人がメダルを取っても、ほとんど報道されない。デフリンピックのことを知ってほしい。いつか、日本でデフリンピックが開催されたら、と私は願っている。

生活編① 風邪が流行る季節が〝辛い〟のは？

寒くなるとマスクを着ける人が目立ってくる。マスクは風邪を引いている人の〝マナー〟だったり、〝風邪予防〟だったりするが、耳が聞こえない私たちにとって、マスクをする人が増える冬は頭を抱えたくなるほど悩ましい季節だ。

マスクで口元が隠れると読唇術ができなくなってしまう。何を言っているかわからないし、表情の読解だって不能になる。

だから、耳が聞こえない人と話す時だけでもマスクを取ってほしい。風邪でそれが難しいのなら、積極的に筆談してほしい。冬に限らず、花粉症の季節になったら花粉症の人もそうしてほしい。

過去にこんなことがあった。あるお店で、マスクを着けた店員さんから話しかけられた。耳が聞こえないことを伝えても、マスクを取らず、筆談にも応じない。別の伝達方法を考える素振りもなく、ずっと一方的に話している。そんな時、とても困ってしまう。遂に「私は、さっきから『耳が聞こえない』って言っているんだよ！　だから、何を言っているか、全然わからない」と怒りを爆発させてしまった。その店員さんは、謝りもせず、その場から走り去っていった。

私も大人気なかったかもしれないが…。でも、いったい私に何をしてほしかったのか？　本当にわからない。そんなことがあった帰り道はとてもイライラした。

マスクを外したくない理由があったのかもしれない。しかし、そんな時は、書くなりして他の方法で伝えようという誠意を見せてほしかった。

（2020年、コロナ禍にある現在、マスクは誰もが着けるものとなった。困難な時代だ。）

生活編② 耳が聞こえない人は、勤務中どこかへ行く？

「勤務中は席にいて、仕事に集中すべき」というのが職場で浸透している考えなのかもしれない。しかし、その考えは私にとっては息苦しいものだ。

職場で「よく席を立ちますね。サボっているんですか？」と上司に尋ねられたことがある。これを聞いた時はさすがに驚いて、反論した。人間誰しも、机に座ってずっと集中し続けることは難しい。それで、同僚とちょっと会話したりして気分転換しているのではないか。

しかし、耳が聞こえない人は、職場で耳が聞こえる人と親しく話すことは少ないし、会議に参加する機会もめったにない。会社に出勤したら退社まで、パソコンとにらめっこするだけのろう者は多いはずだ。同じ姿勢で、延々と同じことを続けていると目だけでなく手や腰にも疲れが出てくる。椅子に座りっぱなしでデスクワークをしていたら、血流が滞って体にはよくないんじゃないかと気にもなる。だからトイレに行ったり、ポットにお湯を入れるために給湯室へ行ったり、ストレッチしたりして、自分なりに適宜気分転換をして仕事の能率を維持しているつもりだった。

なのに「サボっている」と見られていたことは大きなショックだった。そんなことを言われたら、仕事へのモチベーションも下がってしまう。耳が聞こえない人は、聞こえないなりにたくさんの苦労があり、知恵を出して解決している。そのことを知っていてほしいのだ。

上司の言葉からもやはり、みんなが真剣に〝障害を理解〟することが大事だと思った。

一字一字口の形をイメージして発音する口話

耳が聞こえない私が、

〝音〟って、どんなモノだと思う？

と尋ねられたら。

一生体験できないからこそ〝音〟には、非常に関心がある。不思議で、自分の力の及ばない超能力みたいなモノだと感じている。そして、〝音〟というと、真っ先に日本語が浮かんでくる。

私にとって日本語は、〝目に見えない言語〟だ。

耳が聞こえる人が日本語を話している時は、頭の中で〝音〟が響いているのかもしれない、と私は推測している。というのも、話している最中に言い間違いや、噛んだことがわかるのは、自分の声が聞こえているからではないか。

耳が聞こえない私も、声や言葉を発することはできる。しかし、頭の中で自分の声が響くことはない。だから、言い間違えても気がつけない。

だいたい耳が聞こえない私と耳が聞こえる人とでは〝声を出す〟際の指令方法や使っている機能が違うのではないだろうか。

そうやって考えると、耳が聞こえる人が「声を出せ！」と命令して動き出すのは体のどの部分なのか、「あ」という音を出すためにいったいどこに力を入れるのか？　といったことが気になってくる。

「りんご」と言う時は、「りんご」という〝音〟が頭の中に流れるのか？　言うのと同時に「りんご」の〝絵〟が頭に思い浮かぶのか？　それとも「りんご」という〝言葉〟のイメージだけが頭に描きだされるのか？　そんなことを想像している。

耳が聞こえない私の場合、まずは頭の中で「あ」という〝文字〟が浮かび、誰かの〝口の形〟で〝あ〟をイメージして、自分の口でそれを真似る。そして、音を出す。「発声しろ！」と声帯ではなく、口に命令しているような感じだ。

「あなたは元気ですか？」と言う時は、頭の中に「あなたは元気ですか？」という文章全体が出てきて、誰かが「あ」「な」「た」「は」「げ」「ん」「き」「で」「す」「か」と一文字ずつ発音するその〝口の形〟を思い浮かべ、その口の形を真似しながら、自分の口を動かしている感じになる。


発音しても、「声帯が振動している」という感覚が全くないし、その感覚自体がわからない。口の動きはおそらく、ろう学校の幼稚部と小学部での発音・発声訓練で身に付けたのだろう。ろう学校の先生に、「『あ』という、この〝口の形〟を覚えなさい」と言われ、その通り口の形を記憶し、真似し続けてきた。それで、〝文字〟と〝口の形〟の相関イメージができ上がっていて、形を作って発音することができる。

静止画をつなげて読み取り

一方、話を聞く時は、まったく違う流れとなる。

耳が聞こえる人の言っていることを〝読唇術〟や〝筆談〟で理解する時は、まず、キャッチした文字や言葉を頭の中にそのままの〝文字〟や〝単語〟または〝絵〟などにして一コマずつ浮かべる。それらは〝静止画〟となっているから、紙芝居のようにつなげていく。

耳が聞こえない人同士の〝手話〟では、頭の中に〝手話〟を浮かべるが、こちらは静止画でなく、動いている〝映像〟となっているので、流れるようにスムーズに読み取っていくことができる。

こういった流れを紹介すると、耳が聞こえない私が手話を第一言語と考えている理由を納得してもらえると思う。

では、本を読んでいる時には私の頭の中で、どんなことが起こっているのか?

文章を読んでいる時、頭の中では文中の単語が〝文字〟や〝絵〟〝画像〟〝風景〟に変換されていく。〝読唇術〟、〝筆談〟と同様に〝静止画〟となっているものを、紙芝居よろしく次々にめくっていって話が展開していく。そうやって本や話のストーリーを認識する。

文章の中にある単語を拾う時は具体的にはこんな感じになる。

「激痛」という言葉を捉えた時、耳が聞こえない私の頭の中で生じる流れは、①形もしくは図などで、意味をもつ文字の存在を察知。次に②文字は「激痛」という単語であることを認識。続いて③「激痛」を意味する痛がっている静止画が出てくる流れになる。

これは私の個人的見解だが、耳が聞こえる人の黙読にはこの一連の作業にプラスして「頭の中での『げきつう』という〝音〟の再現」が加わると思う。一ステップ増えるので、どうしても文章を読むのが遅くなってしまいがちだ。だから、速読が求められるときは、音の再現作業は省略されるのかもしれない。

その点、耳が聞こえない私たちは、初めから、「頭の中で〝音〟を再現する」作業が存在しないので、耳が聞こえる人より、文章を読むスピードが速いと思う。1行程度だったら大きな差は出ないが、文字が長ければ長いほど、その違いが出てくるはずだ。

小学校の時の耳が聞こえる人との授業で「教科書の○ページを読んで」という指示が出ると、私はいつも一番早く読み終えていた。あまりにも速いので、友達は「ちゃんと読んでいるの？」と疑いを抱き、「何が書いてあったかわかる？」と聞いてくる。もちろん正確に答えるので、再度驚かれたりした。

眼前に太陽、背後は漆黒の嵐

「〝音のない世界〟を言葉で表現して」

この質問に対する回答を第3章のまとめとしたい。

気持ちをリラックスさせて目をつぶると、何にも聞こえない。真っ暗で無音の世界が広がっている。少し時間が経つと、ある光景が現れてくる。

それは、夜明け前の薄暗い空。私の眼前に開かれているのは、地平線の向こうから太陽が昇っているような明るさ。私の後ろには、漆黒の中で嵐が吹いている。そこに一人ぼっちの私が、ぽつんと立っている。

それが、私が感じる〝音のない世界〟。

＊はる語録＊

相手を知れば、自分を知ることができる。

第4章

この世界で強く生きる

障害者は弱い人間なのか

障害者は弱い人間である。と同時に、強くなれる可能性を秘めてもいる。どちらに転ぶかは、心ひとつで決まるのではないか。

人は、実にいろいろな考え方を持っている。〝障害〟のある人だって、それは同じだ。私は、耳が聞こえないことを自覚している。そして、耳が聞こえないことに誇りを持って生きている。そうなるまでには、たくさんの辛い思いがあった。簡単に誇りをもてたわけではない。

一方で、障害があっても、自分のことを〝障害者〟として認めない人がいるのも事実。それを「よくないこと」とは思わない。自分の〝障害〟に対して、それぞれの捉え方や感情があるのは当たり前だ。

なぜ、自分のことを〝障害者〟として認めない人がいるのか？

それには理由があると思う。やりたいことや就きたい仕事があっても障害があると門前払いされることがある。だから、「自分は障害者だ」と思いたくないのかもしれない。

ここで想像してもらいたい。〝障害者〟であることを自覚していない人、気付いていない人、認めたくない人が「障害があるから、お前はダメだ」と言われたら、どんな気持ちになるのかを。

心に深い痛手を負うことはわかってもらえると思う。第2章に書いた通り、私も耳の聞こえる人が通う学校に行った初日に、大縄跳びができなくて〝耳の聞こえない人の世界〟と〝耳が聞こえる人の世界〟には大きな違いがあることを知った。みんなと同じことができなくてワンワン泣いてしまった。

耳が聞こえない人が、〝耳が聞こえる人がいる世界〟で生きていくと、「手話が通じない」「相手の言っていることが理解しづらい」など、さまざまな壁にぶつかることになる。耳が聞こえない私がこれまでどんな壁に出会い、何を感じ、どう対応してきたかについて、この章で触れていく。

『晴れ』た日のように明るく、『樹』のように強く

「耳の聞こえない人は口話を使ってコミュニケーションを取る」という教育は私にとって暗闇であり、その中でさまよっていた。

答えを出そうといろいろ考えるけれど、頭の中では同じ思いがぐるぐるしていて、答えなんて簡単には出ない。ただ、ただ「苦しい」の一言だ。

光が見つからない。

「いつも先生に怒られている私に、生きる価値があるのか」と考えて、小学生の私は遂に「死にたい」に行き着いてしまったのだ。

ある日、遺書を書いた。

そんなことをするなんて、よっぽど追い詰められていたのだろう。しかし、遺書の存在が母に知られてしまい、ビンタされた。

その時母は、手話で私に聞いてきた。

「あなたの名前は？」

「晴樹」と答えた。

「何かあった時、自分の名前を思い出して。『晴れ』た日のように明るく、『樹』のように強くという意味を込めて名付けたんだよ。だから、強い心を持ちなさい。あなたは、誰のものでもない。

あなたは、あなた」

それを聞いて、救われたような気がした。あれほど泣いた日はない。

ろう学校の先生たちや国の言いたいことは、わかる。声を出すことが将来、社会で生きていくために、大事なことなのかもしれない。だけど、先生や国は耳の聞こえない人にとって本当に大事なことは何だと思っていたのだろうか?

耳が聞こえない人だって、自分の考えをどのように表現するかという〝言語を選ぶ権利〟があるはず。私は自分の気持ちをちゃんと伝えられ、相手の言ったことも理解できる手話を使いたかった。その気持ちをわかってほしい。そして、その選択を尊重してほしかった。

だいたい、発音や発声ができなくても、死ぬわけじゃないのだから、もっと大様に構えてもよかったんじゃないか。もし、ろう学校の幼稚部・小学部の授業の中で手話が使えていたら、先生の話していることがちゃんと理解でき、わからないことを気軽に質問できたかもしれない。もし、そうだったら国語の授業では、日本語の文法の使い方や単語の意味を深く学べて、日本語を正しく使える耳の聞こえない人が今より多かったかもしれないのに、と残念に思うことがある。

口話を無理やりやらせるのではなく、手話を交わしながら自然と口話の発音や発声を身に付けていく方法をとれば、先生と児童のお互いの気持ちが深まり、信頼も高まったのではないか。

大事なのはお互いが通じ合う〝心〟。それがあってこそ、〝信頼〟が作り上げられる。信頼してない人から強制されたり、教えてもらっても、素直に聞き入れ、受け止めるのは難しい。そのことは、多くの人が知っているはずだ。

私たちは生きていく中で、いろいろなものを育む。育む中で、一番大切なのは〝心〟。心は、相手と思いを通わせながら、〝ふれあう〟ことで育っていく。

耳が聞こえない児童と耳が聞こえる先生の関係も〝信頼〟という安心感があればこそ、教わったことがすんなりと頭の中に入っていく。だから、人間にとって一番大切なことは、〝心〟が〝ふれあい〟、〝心〟が〝通い合う〟ことなんだと思う。耳が聞こえない子をもつ親も教育関係者たちも、それを忘れないでほしい。

〝心〟は、繊細で、不思議で、神秘的で、解明不能だ。強要を極端に嫌がり、強いられた方向とは別の方へと逃げていってしまうこともある。

子どもの〝心〟のうちを覗いてあげてほしい。

その恐怖はどこから来ている？

耳が聞こえない人の多くが「声を出すのに抵抗がある」という。

さらに、「助けてもらいたくて声を出すのだけれど、私の声が変だから伝わらない」「私の声は変だし、もし声が大きすぎたら、みんなに笑われてしまう」「手話や筆談で話そうとすると面倒くさそうな態度をされる」「時間がかかって迷惑をかけてしまう」という声もよく耳にする。これらはすべて、自分の言うことが〝伝わらない〟、〝伝えにくい〟という〝恐怖〟から逃げるための言い訳としか私には聞こえない。

なぜ、逃げてしまうのか？

〝伝わらない〟、〝伝えにくい〟という〝恐怖感〟は何なのか？

ある耳が聞こえない人は、同じ職場の先輩から話しかけられ、何を言われたのか理解できずに「あなたの言っていることがわからないから、筆談してください」と伝えた。しかし、そのことがうまく伝わらず、耳が聞こえる人は笑ってしまった。

笑われたことが、トラウマになって、会社を辞めてしまったり、家に閉じこもったりすることは珍しくない。

大事な話や会社の規則などが、理解できずに上司に怒られたりする。ミスの再発防止対策を考えることもせず、耳が聞こえない人に責任を負わせて終わらせることだってある。

こんなさまざまなことが原因で、耳が聞こえる人への〝恐怖感〟が生まれる。真意が伝わらず曲解されて、何度も何度も悲しい思いを私も経験してきた。

耳が聞こえる人がいる世界で強くなれ

「アルバイト募集」の告知を見て連絡すると、面接するまでもなく、門前払いされることがあった。チラシには「どんな人でも可」と書いてあるのに、障害があると断られることが多かった。

高校の頃、あるレストランでのアルバイトの面接で大きなショックを受けたことがある。ろう学校の先生が連絡してくれたレストランで、ようやく面接に漕ぎつけた。面接の当日、時間通りにレストランに行った。責任者が出てきて「どうぞ」と言われ、事務所に通されるのかと思ったが、いきなりキッチンに連れていかれた。そこで突然「君、このキッチンタイマーの〝音〟が聞こえるか？」と尋ねられた。

「聞こえません」

「だろ？　だったら帰れ」とそっけなかった。

アルバイトの〝面接〟はたった1分で終わってしまった。ショックだった。

「時間の経過は、時計を見ながら確認すればわかるのに、そんなに〝音〟が重要なのか！」と思った。世界って、残酷で不条理で理不尽で、本当に「空しい」とくやしかった。

でも、ずっと、〝耳が聞こえない人がいる世界〟だけで生きていくのは無理だ。ならば、〝耳が聞こえない人〟は強くならなきゃいけない。

障害があっても、人と躊躇せずに交流する。その交流の中で耳が聞こえる人に、耳が聞こえない人の存在を理解してもらえるように頑張るしかない。

これから生まれてくる耳が聞こえない子どもたちのためにも道を作ることが私たちに課せられたことだ。

〝耳が聞こえない〟とはいったいどういうことか理解してもらい、さらに積極的に手話を覚えてもらったり、筆談してもらったり、お互いがわかりあえるような関係を築けたらいい、と私は考えている。そのためには、耳が聞こえる人と耳が聞こえない人が交流する場面を増やしていく必要がある。

「耳が聞こえる人と話すのは怖い」と避けてしまうと問題点を見つけることができない。怖くても、耳が聞こえる人と向き合う場面を徐々に増やして、問題に対処し、改善していく力をつけていくのがいいと考えている。

できることをひたすら一生懸命

では、具体的にどうしていけばいいのか。参考になるかもしれないので、私の体験を話したい。

耳が聞こえないために断られ続けられていたアルバイトだが、働ける場所をやっと見つけ、高3の夏から専攻科2年の夏まで2年間続けた。漫画製作・製版会社で社員と一緒に仕事をした。この職場で、障害があるのは私だけだった。

ある日、上司から話しかけられた。何を言っているのか、わからない。私は「耳が聞こえないから紙に書いてください」と身振りで伝えた。それ以来、上司は用事があると、紙に書いてくれるようになった。この上司は自分に時間の余裕があるときだけ、私に仕事を依頼してきた。上司が忙しい時にメモだけ渡されると、私は、正直困ってしまう。内容を確認したいと思っていても、忙しそうにしていたら、聞きづらい。後々になってミスが発覚した時、「あの時、メモを渡したよね」と言われることは避けたい。確認の時間の余裕がある時に依頼をしてもらえば、きちんと内容の確認ができ、仕事のミスが減り、ミス防止につながる。

不得手な点を初めに伝えておいて、自分ができることを一生懸命やる。それがよかったのだと思う。「耳が聞こえないから紙に書いてください」とアルバイトを始めて間もない頃に言えたので何も気負うこともなく、通うことができた。

伝わらなくても諦めるな

この時は比較的すんなり、職場に溶け込めたが、そんな時ばかりではない。しかし、たとえ相手に伝わらなくても諦めずに理解してもらえるまで、少しずつでもいいからこちらから働きかけた方がいいと思っている。いつかわかってもらえる時が来るはずだ。

私はサッカーが好きで、耳が聞こえない人のチームに所属している。耳が聞こえないメンバーばかりのチームが、試合を申し込むと、こんな反応が返ってくる。「耳が聞こえないのに、サッカーできるの？」「ホイッスルは、聞こえないんでしょ？」「試合をするのは難しいんじゃない」。そして、断られることが何度もあった。

それでも諦めずに、いろいろなチームにお願いして、ようやく試合ができることになった。試合後に「聞こえないのにサッカーができるんだね！　いい試合だったから、またやろう」と言ってくれて、試合の実績が増えていった。断られても、すぐ諦めるのではなく、根気強く交渉することが大事だ。そうすることで、障害への理解が深まって、偏見が解消されていく。

〝聴覚障害者〟として、耳が聞こえる人がいる世界に飛び込む。その時は、耳が聞こえる人に頼り、耳が聞こえる人に生かされるのではなく、自分から動く。

〝自分の力で、自分の人生を生きる〟

障害があることは、決して恥ずかしいことではない。私は、耳に〝障害〟があることで、これまで偏見や差別といったたくさんの苦しみや辛さと向き合ってきたが、そういった経験から学ぶことは実に多く、そこで自信や誇りが確立されたと思っている。

女手一つで育ててくれた母

小学校卒業後は、地元の公立中学校に進学した。その中学校は、難聴学級があり、国語、数学、英語は聞こえない生徒だけを集めて授業し、それ以外の科目は、耳が聞こえる人と一緒に机を並べて勉強していた。

その頃、価値観の違いなのか、性格の不一致なのか、両親はいつもケンカをしていた。

こんな時、耳が聞こえ、声が出せる人なら、「やめて！」と言いながら二人の間に割り入ってケンカを止めるだろうか。しかし、私は声を出して止められない。仮に声が出せても、耳が聞こえない両親には私の声は届かない。体が小さかった私は、大人のケンカを止める術がない。間に入っても父に押されて、飛ばされる。私の父は難聴でかすかに音が聞こえていたので、飛ばされても諦めずに緑色をしたベル時計を持っていき、時計のベル音を鳴らしたり、小さな太鼓を叩いて、泣きながら「やめて、もうやめて」と訴えたことを今でも鮮明に覚えている。

「離婚は時間の問題だろう」と子どもの私も、薄々と感付いていた。ある夜、父から「重大な話がある」と呼ばれ、2階へ行った。

2階の居間で座っていた父が「離婚することになった」と切り出した。「離婚する」と聞かされた時、「やっぱり、この日が来たか」と大きな驚きはなかった。とはいっても、涙がこぼれそうになった。

父から「私と来るか、お母さんと一緒に行くのか、選びなさい」と言われた。中学になったばかりの私は、迷わず母を選んだ。

「母のところへ行く」と言った時の寂しそうな父の表情。離婚届にハンコを押した後、出て行った父の背中が今でも忘れられない。これが最後に見た父の姿となっている。私の中の父は、あの時のままで止まっている。

耳が聞こえない母にとって、食べ盛りの子ども3人を養うための生活費を捻出するのは、本当に大変だったと思う。それで仕事を掛け持ちしていた。

両親の離婚後、私は中学の3年間で200回以上遅刻をしていて、いつも反省文を書かされていた。遅刻は両親の離婚と関係がある。母は仕事のため、朝早く家を出る。私は弟と妹の登校を見届けてから鍵を閉めて、家を出るので学校に間に合わない。

私が中学3年間に書いた反省文は1000枚以上に及ぶかもしれない。頻繁に母は学校に呼び出された。仕事の途中で呼び出されるのに、私を怒ることなく、笑顔で迎えてくれた。

耳が聞こえず、女手一つで子どもを育てていた母が苦しむ姿を私はいく度となく見てきた。夜中に時々、泣いていたのだ。それでも、私や兄弟の前では弱い姿を見せなかった。生活が切迫しているのに、なけなしのお金で高額なNIKEのサッカースパイクを買ってくれた。それを履いて、高校に入ってからも毎日、大好きなサッカーをすることができた。

"心"の"ふれあい"を教えてくれた二人の恩師

そういった環境の中で、私にとって忘れられない二人の恩師と出会う。

一人は、石神井ろう学校の高等部時代に出会ったサッカー部の顧問をしていたワリオ先生。

ワリオはあだ名だ。いつもサングラスをかけ、スーパーマリオの悪役「ワリオ」のような風貌をしていたこともあり、そう呼ばれていた。ワリオ先生は中学時代に遅刻200回以上していた私の問題児としての評判を聞いてもそれを気にせずに、きちんと一人の人間として向き合ってくれた。

ワリオ先生は、いつも厳しいことを言う。生徒にとっては近寄りがたい存在だった。しかし、厳しいことを言われることに慣れていた私には、ワリオ先生の話には〝正論〟だと思うことがたくさんあった。とはいっても、時々、〝屁理屈〟を言うこともあって（笑）、正論だけでないワリオ先生が私は大好きだった。

当時、第2・4土曜日は午前だけ授業があり、その後、サッカー部の練習があった。忙しい母には、「部活あるから弁当を作って」とは言えなかった。私の家庭事情を知っていたのか、ワリオ先生は土曜の授業が終わるとすぐ「飯行くぞ！」と真っ赤なスポーツカーに乗って、毎回必ず食事に連れてってくれた。そして、いつも私の話を聞いてくれた。時々は、ワリオ先生の愚痴を聞いたりもした。

ワリオ先生には、本当に感謝の気持ちでいっぱいだ。この楽しい時間は、ワリオ先生が他の学校へ異動するまで続いた。

もう一人は私と同じ耳が聞こえないノセ先生だ。担任だった。私は高校に入っても1年間で100回以上遅刻する、遅刻の常習犯だった。それなのにノセ先生は、怒らなかった。「おはよう」と笑顔で話してくれる。私の家庭のことを知らない他の先生からは、「なぜ、いつも遅刻をするんだ？　遅刻をしたのにヘラヘラするな！」と怒られることもあった。

その中でノセ先生は、私を守ってくれた。いつも私の話に耳を傾けてくれ、勉強以外のたわいもない話もした。実は高校生の時に、数か月間、学校を休んで日本を放浪したことがあった。この時も笑いながら許してくれた。私がいつでも帰ってこられるように、学校での居場所を残してくれたから、私は休んだ後も安心して学校に通うことができたのだ。

この二人の先生の存在は私の人生の宝だ。

耳が聞こえる人も、耳が聞こえない人も、どんな障害があっていても、みんな同じ〝人間〟。〝人間〟は誰だって悪いところがある。完璧な人なんていない。悪いところがあったとしても、必ず良いところを持っている。そして、いろいろな考えや思い、願いを持っている。そんな〝人間〟と〝人間〟が意見を言い合い、〝心〟を通して〝ふれあい〟ながら成長してゆく。〝心〟の〝ふれあい〟こそ、自信や誇りを持つ過程で欠くことができないものだと私は考えている。

この二人には、〝心〟の〝ふれあい〟をたくさん学ばせてもらった。

音なき子として（聴覚障害者として）

私は、中学の時に補聴器を捨てた。正確にいうと補聴器を使うのをやめた。補聴器を付けなければ、ほぼ音が聞こえず、補聴器を付けていれば、なんとか音が聞こえる程度だった。その音は、〝言葉〟としてではなく、〝雑音〟として聞こえていたのだ。「補聴器を付けなくなると、聴力が下がる」と言われていたので、14年間付け続けていた補聴器をやめたということは、かすかに頼っていた〝音〟を捨てたことになる。

〝音〟を捨てて、20年以上経った今、わかったことがある。

耳が聞こえない人は、〝目〟の使い方に長けていて、活用法も自由で実にバラエティーに富んでいる。特に、アイコンタクトや視線の使い方、目を使ったコミュニケーション術については、耳が聞こえる人も舌を巻くのではないか。

耳が聞こえない私たちは、聴くのも視るのも目だ。つまり、耳が聞こえない私たちは、〝聴く〟分も含めて視覚から得る。そして、目から入ってきた情報をもとにしてさまざまなことを考える。

〝十四の心〟

〝耳が聞こえる人がいる世界〟は耳が聞こえない人にとっては〝過酷な世界〟だ。耳が聞こえない人はどうしても弱者になってしまう。耳の聞こえない人が「健聴者（健常者）に勝ちたい」と思ったことは何度もあったと思うし、私もこれまでの人生の中で数えきれないほど望んできた。

でも、どうしたら勝てるのだろう?

私は〝十四の心〟を大切にしたいと考えている。〝聴〟という文字をよく見てほしい。〝十四の心〟が入っているのだ。私たち、〝聴〟覚障害者が誇れるのは、〝十四の心〟だ。

①　尊敬する気持ちを持って聴く。
②　素直な気持ちを持って聴く。
③　優しい気持ちを持って聴く。
④　あなたを知りたいという気持ちを持って聴く。
⑤　焦らないで最後まで聴こうとする気持ちを持って聴く。
⑥　あなたを大切にしたいという気持ちを持って聴く。

⑦ ピュアな気持ちを持って聴く。
⑧ 笑顔で聴く。
⑨ お詫びの気持ちを持って聴く。
⑩ 信じるという気持ちを持って聴く。
⑪「好き」という気持ちを持って聴く。
⑫ 思いやりの気持ちを持って聴く。
⑬ 感謝の気持ちを持って聴く。
⑭ あなたの気持ちになって聴く。

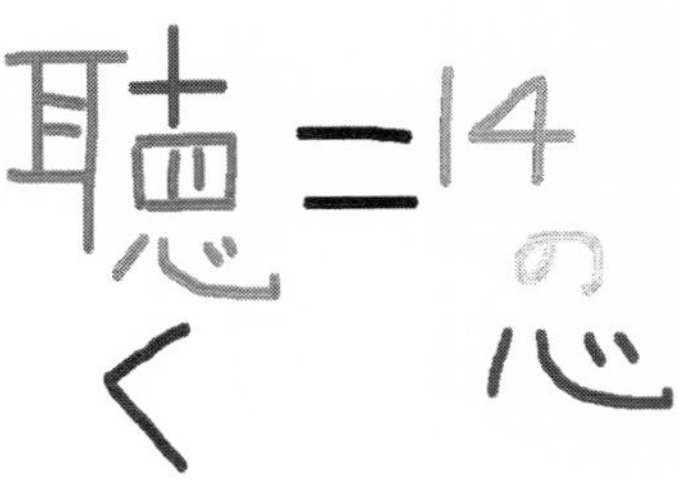

この〝十四の心〟をもって相手に思いを寄せる（聴く）ことは、つまりは「傾聴と受容」だ。
その意味は、受け入れながら話を聴くこと。人として、当たり前のことだけれど、行動に移すのは難しい。だから「傾聴と受容」を大事にする、他者の気持ちを大切にするという人間性で勝てばいい。「傾聴と受容」を繰り返していけば、いつか良いことが、返ってくると信じて毎日をまっすぐに生きることだ。

「聴覚障害」→「十四の心」＝「傾聴と受容」

大切なのは、相手のことを思うこと

そして、もう一つ大切なこと。

「相手に、どう思われるか」ではなく、「相手のことをどう思うか」。

仕事で失敗した直後に、人がひそひそ話をしていると「やっぱり、耳が聞こえない人はダメだね」「あの人、使えないね」と言われているんじゃないかという気持ちが少なからず、生じてしまう。〝被害妄想〟と言われるかもしれないが、多くの耳の聞こえない人は実際にそういった経験をしているので、そう思ってしまうのは仕方ない。

しかし、「どう思われているか」ばかり、考えていると自分が疲れてしまうだけだ。

私はこう思うようにしている。人間だから、誰にでも失敗はある。だから「どう思われているか」を考えるよりも、失敗したら「次！」と割り切る。もし、人が失敗したら「フォローしてあげよう」と「相手のことを思う」気持ちが大切なのではないだろうか。

大事なのは、どんな人とでも向き合うこと。そして相手のことを考えること。

人間は良いこともするけれど、悪いこともする。行動には必ず理由があるはずだ。

「なんで、そんな行動をしたのか？」

相手の気持ちを理解しようとしないといけない。相手のことを100%わかることはできないけれど、「わかりたい」という気持ちを100%持っていたら、その人との距離は縮まるはずだ。

相手の気持ちを少しでも察することができたら、問題やトラブルの解決策も生まれてくる。だから、「相手にどう、思われるか？」よりも「相手のことをどう思うか？」を常に考えよう。

相手の言動が頭にきて、「とても相手のことを思うなんてできない！」という時もあるかもしれない。でも、頭が冷えてきたら、相手を許す心をもつ。自分も相手も同じ人間で、それぞれ違う考え方や感情や価値観を持つのだから。

他者の言葉で耳が痛い時もあるかもしれない。でも、言動に腹を立てる前に、客観的に見ていてくれる人の意見を大事にすることも重要だ。その言葉を受け入れることで、道が開けることもある。

相手の気持ちを考え、相手を受け入れながら付き合っていくのは、恋愛だったり、仕事だったり、相談だったり、いろいろな場面にも役に立つ。

〝障害者〟は〝健聴者〟と同じ日本人なのに見えない国境のような大きな壁を感じている。でも、「十四の心（傾聴と受容）」に国境はない。だから、健聴者も「十四の心（傾聴と受容）」

をもって、障害のある人と向き合ってほしい。

人と向き合う時は、〝理屈〟じゃない。〝損得〟じゃない。〝心〟なんだ！

＊はる語録＊

やらないでダメだと思うより
やってみてダメだと思う方がよっぽどいい。

第5章

旅人として

Jリーガーの夢に向かって

私は、小さい時からサッカーが大好きだった。

Jリーグが開幕したのは、1993年。小学5年の時だった。世間は空前のサッカーブームでわいている。そんなある日、耳が聞こえる友達から「一緒にテレビでJリーグを見よう」と誘われた。友達の家で観戦したのは、ヴェルディ川崎対鹿島アントラーズのチャンピオンシップ。ブラウン管の中で走り回る一人の選手から目が離せなくなっていた。国立競技場の大観衆の応援を一身に受け、踊るようなステップで敵を次々に抜き去りシュートを決める、緑のユニフォームの背番号11。彼だけを食い入るように目で追いかけた。

私の視線の先にあったのは、「カズ」こと、三浦知良選手。スーパースターはゴールを決めるとカズダンスを披露する。これが、とても輝いていた。

カズさんは、あのフィールドの上で何を考え、何を見つめ、何を思ったのか？　それが知りたい。自分もフィールドに立てば、わかると思って、サッカーを始めたのだ。

最初はボールを蹴ると、思わぬ方向に行ってしまった。でも毎日、ボールを追いかけているうちに、だんだん自分の思った方向へ向かうようになっていった。

ある日、ドリブルで相手を抜いた。シュートすると、ボールはゴールキーパーの手の上をすり抜けて、ゴールに飛び込んだ。そのゴールネットの先には、青空が広がっていた。この瞬間が忘れられなくなった。

同じ景色を見たくて、相手を抜き、何度もゴールを決めた。しばらく、公園や校庭で友達とサッカーをやっていたが、物足りなくなり、もっとレベルの高いところを目指すため、友達の紹介で王子にあるクラブチーム「王子ウィングス」に入団した。

王子ウィングスには、毎週土曜日、私と同じ耳が聞こえないサッカー好きが集まって練習していた。対象は、小学生~中学生。練習中も試合中も手話でやりとりでき、とても楽しかった。小学校でもサッカークラブに所属していたが、「パスをくれ!」という声が聞こえず、タイミングよくいいパスが出せなかった。それが苦しくて、サッカーから気持ちが離れていきそうだった。

一方、王子ウィングスではサッカーの基本や戦術やパスのタイミングなどをしっかり教えてもらい、試合にたくさん出て、ゴールも決めた。サッカーの楽しさを改めて教えてくれる場所を見つけ、やっぱり、私はサッカーが大好きなんだと感じていた。

ある日、王子ウィングスにテレビ局の取材が来た。「あなたの夢は?」と聞かれると、メンバーの多くが「Jリーガー」と答えていた。私もそう思っていた。

テレビ放送ではカズさんが私たちに、熱いメッセージをくれた。

「『プロを目指す』としたら、耳が聞こえないということはハンデかもしれないけれど、それを乗り越えられるかどうかは、自分の努力次第。本気で『プロになりたい』という気持ちがあるのなら、耳が聞こえなくたってプロになることはできる」と真剣に言ってくれた。その言葉にとても勇気付けられ、あいまいだったJリーガーへの夢が、確固たるものに変わった。

小学校のサッカークラブでは、パスのタイミングの合図がわからず、「耳が聞こえなくても、プロになれるのか?」と、ずっと葛藤していた。プロになれないとしたらどうすればいいのだろう、耳が聞こえない私は「何ができるのだろうか?」、「何になれるのだろうか?」と思うと将来の夢や目標を考えることが怖くなった。

しかし、カズさんの言葉で、私の心の中にあった〝迷い〟がスーッと消えていった。目標達成のために自分なりに対策を練ることにした。耳が聞こえない分、視野を広げてカバーしようと一人で練習をした。そのかいあってか、「あなた、聞こえているよね」と思ってもらえるぐらい視野が広がって、プレーの流れも読めるようになっていた。

小学校から高校までずっとサッカーを続け、高校で通算23試合20ゴールという結果を残した。

耳が聞こえる人たちが通う高校と試合をして、「耳が聞こえないチームでも、耳が聞こえるチームに勝てる」ことを証明していった。

それが大きな自信となっていく。「Jリーガーの夢を絶対に実現するんだ！」と朝昼晩、雨の日も雪の日も風の日もボールを蹴った。その一方で、ケガも絶えない。鼻や足などの骨折は7回。相手とぶつかることを恐れないプレースタイルで戦ってきた。知らず知らずに体に負荷がかかっていたのか、高校3年のある日、突然腰に痛みを感じた。それでもなお、練習を続けていたが、耐えられなくなって病院で診察を受けた。

腰椎椎間板ヘルニアだった。痛みを押してプレーしているとこれまでのように、体が自由に動かないのに気付く。

自分が納得できるプレーができない。小さい時から「プロになりたい」という夢を持って、必死に練習してきたのに……。

高校3年生の私の心には大きな穴がぽっかりあいてしまった。

我が母校、石神井ろう学校

高校は石神井ろう学校に進学する道を選んだ。

またろう学校へ戻ったのは、家から近かったことだけが理由ではない。尊敬する母の母校だったことと、ろう学校で手話を使った指導が認められるようになったので「本気で勉強するいい機会だ」とも考えたことが理由にあった。

小学生の時に通っていたろう学校も、小学4年生の時に完全転校した耳が聞こえる人が通う小学校も授業は手話ではなかったから、さっぱり理解できなかった。それまでの学校は、私にとって残念ながら勉強するところではなく、もっぱら〝生きる〟ことを学ぶところだった。

手話を使った授業で、初めて学ぶ喜びを知った。

授業がわかるようになり、遅れていた学力が一気に上がっていくのを実感した。学校で手話が堂々と使えるようになったので、先生たちとたわいもないおしゃべりを手でできるようになったのは、何よりも嬉しかった。昼休みになると職員室に行き、先生を捕まえて、おしゃべりしたりした。当時の私にとって、母以外の大人と話せるのは学校だけだったので、職員室は社会を知っている大人たちと交流できる貴重な場でもあった。

石神井ろう学校の校訓は〝自由と自立〟。

校訓に則っていたのか、〝個性〟を大事にしていた気がする。学生服を着ることを強要されることもなく、自由な服装が認められていて私は、お祭りで着る〝ハッピ〟で通っていた。上履きでなく〝草履〟で通した。それでも、先生から注意されることはなかった。先生も生徒も苗字ではなく、あだ名で呼び合っていた。

表面的なスタイルだけでなく、精神面も〝自由と自立〟に支えられた個性の発揮が促された。先生から選択肢を与えてもらうのではなく、自分で考え、やりたいと思ったことを自由に実現できる開放的な空気があった。

〝自由と自立〟という校訓は、私の理想そのものだったのかもしれない。

その自由は、最低限守るべき規律の中で、既存のやり方に囚われずに〝どう創造性を発揮させるか〟ということに力点が置かれていた。そこから〝自由と自立〟の裏には、負うべき〝責任〟があることも学ぶことができた。

授業では時々、教科書から外れ、ワークショップのように一つのテーマで話すこともあった。自由が基本ではあるが、悪いことをしたら、きちんと怒ってくれる。理由を聞き、今後どうしたら良いのか、時間をかけて、お互いが納得するまで話し合ってくれた。

そんな石神井ろう学校は〝人間再生工場〟のようだった。いじめで転校してきた人、根暗な人も、この学校に来ると1年もしないうちに、明るい性格の持ち主に大変身してしまう。人を変えてしまう力がある学校だった。

「耳が聞こえないから、こういったことをするのは無理じゃあないか」「耳が聞こえない以上、これをやっておかないと将来、大変だ」と〝耳が聞こえない〟ことばかりに焦点を当てるのでなく、一人の人間として私たちに向き合おうとする先生の気持ちが本当に嬉しかった。

私の基盤は〝自由と自立〟の校訓をもつ石神井ろう学校で形づくられたのだと思う。だから、母の自由な発想も〝一人でもできる〟という自立心も石神井ろう学校で身に付けたのに違いないと確信している。

19歳の冒険デビュー

私は旅が大好きだ。

これまで19歳、20歳、25歳の時に国内を放浪をして、29歳の時には世界一周をした。

コミックスに掲載されアニメにもなった『ダイの大冒険』が大好きで、小学生の時から「冒険」に憧れ「いつか、冒険に行きたい」とずっと思ってきた。それもあってか地理も、日本地図を眺めるのも好きだった。

「冒険」は私にとって、憧れの舞台だ。この舞台に上がるために、18歳の誕生日に自動車教習所に通い始める。

「いつか、冒険に行く！」とみんなの前で夢を語っていたが、いざ実行するとなると、大きな勇気と、きっかけが必要だった。

ろう学校専攻科1年の19歳。夏休みが終わり、「冒険への出発」を実行に移せない自分に苛立ちを感じ始めていた。そんな思いに気づいてか、授業中、突然、先生が私に言った。

「あなたは、学校で勉強するより、旅に行った方が良い。旅はたくさんのことを教えてくれる。学校なんて気にしなくて良いから、旅に行ってこい」

私は、全く授業を聞いていなかったわけではない。ただ、この頃は大好きなサッカーからも離れ、毎日、家と学校とアルバイト先の3か所を行き来するだけで、満たされていなかったのは確かだ。

来年は卒業なのに、これから何がしたいのか、わからない。

自分自身何ができるのか、皆目見当がつかない。

ずっと、心の中でもがいていた。「旅に行ってこい」と背中を押されて心の中にあったモヤモヤが、スーッと消えていった。

旅の足を確保するために、原付バイクを買った。そして、現金5万円と寝袋と雨具と地図とわずかな食料だけを持って日本放浪へと出発した。

目的地は、沖縄だ。

雨ニモマケズ空腹ニモマケズ

甲府、名古屋、大阪、姫路、広島、長崎、鹿児島を経て、2週間かけて沖縄に到着した。

この間、ずっと野宿をしていた。町中で野宿すると不審者と間違われて、警察に通報される恐れがある。それで、道の駅や町から離れた所にある神社や公園で寝ていた。暗くなる前に寝床になりそうなスペースを見つけて、寝袋を敷く。

雨の日は、特段注意を要した。バイクで走るのが大変だったし、野宿もやっかいだった。情報収集やメールをするために、当時、使っていたガラケーを携帯していたものの、何かあった時のためにバッテリーを温存しておきたくて、電源はずっとオフにしていた。それで、天気予報のチェックはしなかった。

山の天気は、変わりやすい。雨の心配はないだろうと思って寝袋に入ったのに、突然の雨に何度も見舞われた。雨粒がポタポタと落ちてきても、疲れて熟睡している私は、気づかない。そうこうしているうちに、雨脚が激しくなり、寝袋だけでなく服までびしょびしょになってしまう。濡れた寝袋や服をバイクで走りながら、乾燥させた。

ある時には朝起きると、寝袋の中がモゾモゾする。「なんだ!」と思って、寝袋から急いで抜け出すと、ムカデやゴキブリがいて、ビックリしたこともあった。

その土地の人から声をかけられて、話しているうちに「晩御飯をごちそうするから家においでよ」と言ってもらったり、泊めてもらったり、お小遣いをもらったり、お弁当をもらったりすることもあった。本当に親切にしてもらった。

幼い頃からずっと、耳が聞こえる大人たちから冷たい目で見られたり、避けられたりして悲しい思いばかりが記憶に焼き付いていた。それで、気づかぬうちに耳が聞こえる大人に対して、〝警戒心〟があった。

旅に出て、〝警戒心〟が溶けていったみたいだ。

先生たちと授業中や昼休みの職員室で話していたことが、旅先でその土地の人とコミュニケーションするのに、ずいぶん役立ったのかもしれない、とも思った。

貧乏旅行だ。各地の名産物を食べるのを楽しみにして、それ以外の食費はできるだけ切り詰めた。移動日は1日30円。うまい棒を3本買って、朝昼晩1本ずつ食べていた。公園で水道水をペットボトルに補充して、喉を潤した。そうやって、バイクで風をきりながら、2週間をかけて遂に沖縄に到着。沖縄で2週間観光し、帰りは3日かけてフェリーで東京に戻った。出発した時よりも10キロ痩せて、日に焼けて真っ黒だったので、ひと月ぶりに会った母に、「あなたは誰?」と言われてしまったっけ。

家で、久しぶりに母の手料理を口にした。「いつも食べていた料理は、こんなに美味しかったんだ」と涙がこぼれてきた。ひと月ぶりに自分の布団に入ると、これまでの旅の思い出が浮かび上がってくる。各地の名産物を食べ、たくさんの景色を見て、いろいろな人と出会った。旅に出てよかった、と胸がいっぱいになった。

1か月振りに学校に行くと、真っ先に「旅に行ってこい」と背中を押してくれた先生に報告した。

「すごく楽しかった! 日本は本当に広かった! 知らないことばかりだった!」と言うと、先生はニコッと笑って「世界は、もっと広いぞ」と言った。「世界か…いいな」。私は一瞬思った。

戦争を知りたくて、再度日本縦断

沖縄から戻って、1年経たった頃、再び「冒険に行きたい」という思いが湧いてきた。社会の授業で習った第二次世界大戦。夏休みになると毎年、戦没者を悼む式典が開かれている。しかし、私自身は「戦争の悲惨さ」と言われても、ピンとこない。日本各地を焦土と化した〝戦争〟とはいったいどういうものなのだろうか。図書館でいろいろな資料を手に取るものの、一向に実感がわいてこない。

全国にある戦争に関する資料館に実際に足を運び、当時の資料や遺品や写真をこの眼で見て、肌で感じたいと思った。

そこで、2回目の冒険のテーマは戦争に決めた。「全国縦断」の決意を固めたのは、20歳の夏休み前。放課後はアルバイト先である漫画製作・製版会社へ通っていたが、アルバイト代の半分は家族の生活費にあて、残り半分は旅費にすることにした。冒険資金の目途が立ち、漫画製作・製版会社の社長に「日本放浪の旅に出ることにしたので、辞めさせてください」と伝えた。社長は「卒業後、ここで働かないか？」とまで言ってくれていた。残念がっていたけれど、最後は笑顔で承諾してくれた。2年間、お世話になったアルバイト先に別れを告げ、夏休みの宿題は終業式の日に終わらせて、47都道府県〝全国制覇〟という目標を立てて、冒険に出た。

まずは、東北を巡り、八戸から苫小牧までフェリーで渡り、北海道を一周。その後、南下しながら、西日本を巡った。四国を一周して、九州に渡った。旅のゴールは、今回も沖縄にした。これらの行程を3か月をかけて辿った。

メインは戦争を学ぶことだったので、日本各地にある戦争に関する資料館を訪問した。以下が、見学したところになる。

北海道の稚内にある九人の乙女の碑（樺太の真岡郵便電信局事件の電話交換手）
東京の昭和館や遊就館
京都の舞鶴引揚記念館
大阪のピースおおさか大阪国際平和センター
広島の大和ミュージアム（呉市海事歴史科学館）
広島の広島平和記念資料館
長崎の長崎原爆資料館
鹿児島の万世特攻平和祈念館、知覧特攻平和会館、鹿屋航空基地史料館

沖縄の平和祈念資料館、ひめゆり平和祈念資料館

これはほんの一部で、日本各地に戦争に関する資料館や歴史館があった。命の尊さ、戦争で亡くなった人の「生きたかった」という気持ちが手紙などさまざまな遺品から、ひしひしと伝わってきた。

今の日本の〝平和〟は、過去の戦争の辛い経験の上に成り立っている。今の時代に生きている私たちは、しみじみ幸せだなと思った。

あの旅以降毎年、終戦記念日になると青空に向かって、敬意と感謝の気持ちを込めて平和を祈願している。

空の青さはどこでも一緒

2回目の旅でも、いろいろな人に出会うことができた。

道を尋ねると、親切に教えてくれるだけでなく、中にはその場所まで連れていってくれる人もいた。車に乗せてもらったり、家に泊めてもらったり、食べ物、飲み物やお小遣いをもらっ

たり、多くの人に話しかけてもらった。よくしてもらったのは1年前の旅と一緒だったけれど、今回は、前の旅に比べてゆっくりだったので印象に強く残る出会いがたくさんあった。その土地土地で人の気質は変わるけれど、「青空は、どこに行ってもつながっているんだなぁ」と旅行中、大好きな青空を見上げてそう思ったりもした。

空には区切りがない。私が旅先で見ている空は、東京で空を見上げている人たちや、それ以外の場所で見ている人たちともつながっている。

考えてみれば、当然のことだけど、私はその〝当たり前〟のことをすっかり忘れていた。そんなことを考えていたら、頭上に広がる青空はとてつもなく広くて、私の悩みなんて、ほんのちっぽけなものなんだな、と思わざるを得なかった。

ロボットにはなりたくない

人の生き死にや平和について深く考えた2回目の旅行から戻ってくると卒業後の進路を考える時期に突入した。

小さい時から母や親戚の人には「大企業の正社員がいいぞ」「公務員になってほしい」と言

われ続けてきた。障害があると、安定した給与を得る道が限られている。大企業の正社員や公務員になれば、安定した給与が保証されていると思われていた。周囲は、私の将来の生活のことを気遣い、安定した仕事に就くことを勧めた。

そうは言われても、私としては、〝安定〟のためだけに仕事を選ぶことが、どれくらい大事なのか、わからなかった。

「安定した仕事にこだわらず、自由に生きていいんじゃないのかな？」と思っていた。しかし、一方で「社会を知らないまま、自分の好きなように自由に生きたら根なし草になってしまうかもしれない」という危惧もあった。そこで「最低でも5年間、世の中のしくみを知るために企業で働こう」と思いを固めた。そして、定職に就くことにした。

5年間、パソコン画面と向き合ってキーボードを叩く日々を送りながら、学生時代の冒険が忘れられずに、いつも懐かしく思っていた。毎日が新しいことへのチャレンジだったあの日々が少しずつ、セピア色にあせてゆく。

心の中で「また、冒険に行きたい！」と叫んでいた。

２００７年、勤務先の組織改編があって、担当する仕事が減った。そのことで、私は仕事の手を抜くのが上手になっていた。熱心に仕事をやっているように見せかけるが、実際はあまり仕事をしていない。「給料さえもらえれば、まぁいいか」という考えている自分が嫌だった。

勤続5年。この時の5年間を今振り返っても、何をしていたのか記憶がはっきりしない。ただ、「このままじゃいけない」と思ったことだけは鮮明に覚えている。

企業で5年働き、自分なりに「会社とはこういうものだ」「会社員とはこういうものだ」という〝会社観〟ができていた。それは、「サラリーマンに望まれているのは、自分自身で考えずに、命令通りに動く」というものだ。上司に自らの意見を言うことはもってのほかだと思ったのは、「勝手に動くな」「マニュアル通りに」「指示通りに」と言われ続けたからだ。

上司の命令を忠実に叶える〝サラリーマン〟では、一生を終えたくない。私は、羽をもつ鳥のように自由にはばたきたい。でもそれは、私のエゴなのだろうか。

仕事には毎日、多くの時間を費やすからこそ〝誇り〟や〝自信〟を持ちたかった。

しかし、今の仕事は、どうしてもそう思うことができなかった。でも、耳が聞こえない私に、他にどんな仕事ができるのだろうか?

新しいことをするには、何かを捨てなければならない。今の生活を捨てる〝勇気〟はあるのか?

しかし、上司の命令を忠実に叶えるサラリーマンで終わりたくない、と思っている以上、会社に居続けてはいけない。今こそ立ち止まる時だ。立ち止まって、やらなければいけないことは、何か？

耳が聞こえない私でも、〝生きがい〟をもちたい。その思いに向かってまっすぐ生きたい。今の私に、そのための糸口を与えてくれるのは、旅以外にない。私はそれを疑わなかった。

両親の離婚を機に、我が家の家計は一挙に苦しくなり母は働きづくめだった。ただ、「母を楽にしてあげたい」という気持ちからろう学校専攻科卒業後、企業に就職した。弟と妹が高校を卒業するまで私の給料の半分は我が家の生活費になっていた。社会人6年目に入って、無事に弟と妹が卒業し、就職した。お金のことはひとまず、目途がついた。そこで、5年半勤めた会社を退職し、250ccバイクで行き先を決めず、日本放浪の旅に出たのだ。

思ったよりもずっとハードだった、富士山初登頂

今回の旅の期限は、決まっていなかった。「生きる」意味を探すためにも、行った先で思う存分いろいろなことにチャレンジするつもりだった。

富士山への登頂は、今回の旅の目的の一つだった。

富士登山は、須走口から始まる須走ルートで登ることにした。このルートだと5合目から山

頂まで7時間30分程度で行って戻ってこられると踏んでいたのだ。装備を確認し、〝10時30分〟に出発。しかし、〝10時30分〟というのは、初めて日帰りの富士登山をしようとする者にはかなり遅いスタートだった。

私は屋久島で樹齢3000年以上といわれる縄文杉を見に行く、歩行距離約20キロ、往復約10時間といわれるコースを6時間で往復したことがあった。その経験と自信から、時間的にも体力的にも、余裕があると思っていた。

大きめのリュックの中に詰めたのは防寒服、帽子、サングラス、飲み物2リットル、タオル、小銭100円数枚、酸素スプレー1缶。杖は、手に持った。準備万端のはずだった。しかし、重要な〝忘れ物〟があろうとは、この時は思いもしなかった。

標高約2000mにある5合目から見る山頂は、遠く感じた。山頂は3776mなので、あと1800mほど登らなければならない。

7合目までは、早いペースで登ることができた。しかし、そこからほどなくして標高3000mに差し掛かったあたりから気持ちが悪くなってきた。頭痛もめまいもする。足までフラフラして、睡魔までが襲ってきた。こうなると体が全く言うことを聞かない。

「これが、あの高山病!?」

日本一の山を甘く見ちゃいけなかった。

「高山病にかかったら、早急に下山しましょう。戻るのも勇気の一つです」と書かれた看板を思い出した。

「ここで下山しようか。また来ればいいさ」という自分に、もう一人の自分が「いや、ダメだ！次の機会なんてあるかわからない。行けるところまで行って、ダメだった時に戻ればいい」と厳しく言い放つ。私は登り続けた。

登るにつれて、頭の痛みは倍増。めまいもきつくなり、吐きそうになるし、意識ももうろうとしている。9合目ではかなり危なかった。山頂まで100mほどを残すだけなのに本当に動けない。酸素スプレーで、酸素を補給していたけど、一時的な効果しかなかった。たった〝1m〟進むのに、こんなに気の遠くなるような思いをしたのは、初めてだった。遂にこの9合目で力尽き、その場で気絶するように寝てしまった。

「…………」

夢の中で誰かに「あと、もう少しだよ」と言われた。もうろうとした意識の中で、確かにそう言われ、「はっ!?」と目が覚めた。

体力が少しだけど回復していた。時計を見たら30分も寝ていた。残りの体力を振り絞って、一つ岩を登り、また登り、いくつもの岩を伝って、ようやっと山頂にある神社が視界に入って、遂に山頂に到着！

「ようやく…ようやく山頂に着いたよ！」と、思わず涙がこぼれそうになった。

9合目までは、霧で何も見えなかったのに山頂に着くと、雲間から光が射してきた。私を祝ってくれているような気がした。火口まで行き、ここでへたり込んだ。

それでも「これが日本一の…富士山の…山頂か。これで目的達成！ 富士山登頂達成!!」と気合を入れて立ち上がり、人差し指を天に向けた。

ここで残っていた体力が、スーッと消えていった。下山する体力はない。

「どうしようかな?」

時間は17時。出発してからすでに6時間半経過したことになる。日没が近い。早く下山しなければと頭では思うのに、また睡魔が襲ってきて、岩場の上で再び寝てしまった。

「ドォォォーーーーーーーーーン」

今度は振動で目を覚ました。山頂付近に雷が落ちたのだ。耳が聞こえない私でも鼓膜がやぶれたかと思うくらいのものすごい雷鳴で、ホントにビックリした。

「ドォォォーーーーーーーーーーーン」という音（振動）が10秒ほど続いていた。地面も揺れていて、地震や、火山爆発かと間違えるほどだった。

いつの間にか霧が立ち込めて、辺りが見えなくなっていた。

今、下山しないと危ない！　幸い、30分寝たおかげで体力は少し回復していた。

雷雲は、山頂の近くまで来ていて、すぐそこにある雲の中が雷で光っていた。非常に危ない状況だったので急いで、「砂走り」を下山した。足が地面に沈み、靴の中に砂が入ってくる。砂浜の上を走っている感じなので、体力消耗が激しい。もうろうとしている意識の中で走るというのは、本当にキツい。夕刻が迫り、辺りが真っ暗になってくる。そこで大変なことに気付いた。

〝懐中電灯〟を持ってこなかった！

7時間半程度で戻るつもりで、バイクに置いてきてしまったのだ。後悔しても、仕方ない。わずかな月の明かりを頼りに下山を続けた。7合目辺りに着いた時には、真っ暗で、周りは何も見えなくなっていた。これ以上、動いたら遭難しそうだ。危険なので「ここで野宿か？」と思った。

その時、神様に出会った。

3人組が懐中電灯で足元を照らしながら、下山しようとしていたので、私は懸命にその人たちを追いかけた。それに気づいた一人が懐中電灯を向けて「こっちにおいで」と合図してくれて、5合目まで一緒に下山することができた。「ありがとう」とお礼を言って別れた。

須走口に戻ったのは20時。出発からは9時間半経過していた。

「本当に富士山に登ったんだなぁ」と涙がこぼれそうになったけど、こらえた。

その余韻にしばらく浸っていた。少し休むと高山病がすっかり治まっていた。雨が強くなってきたので、急いで戻った。

命がけで登った初めての富士山は、生涯忘れることはないと思う。

ありがとう！　富士山！

感動と感謝で下山したものの、この時「また、登りたいか?」と聞かれたら、「もう二度と登るものか」と答えただろう。ここまで富士山が過酷だとは思っていなかった。この時から、険しい山々を制覇するアルピニストは、本当にすごいなと、見る目が変わった。

そして、私も山が好きなのかもしれない。富士山には、その後、2回登山している。

宮古島で100kmマラソン

宮古島では、100kmマラソンに参加した。私は、過去に何度かフルマラソンを制覇している。宮古島ではフルマラソンの倍以上の100kmに挑戦した。

何回も宮古島を訪れていた私は、マラソン時のポイントとなるアップダウンを含めコースの状況がわかっていた。フルマラソンの経験を活かし、時間と体力の配分を考えながら完走するつもりだった。

フルマラソンのゴールである42・195kmを5時間30分で通過。折り返し地点の50kmに着いた時、応援に来ていたバルセロナ五輪銀メダリスト、アトランタ五輪銅メダリストの有森裕子さんが、「頑張れ！」と握手してくれた。50kmを過ぎ、60km、70kmとこれまで走ったことのない距離を走っていると考えても仕方ないことばかりが頭の中に湧き上がってきた。

なんで、こんな苦しいことをしなきゃならないの？

何のために走っているの？

やめるなら、今じゃない!?

こんな自問自答を延々と続けながら、80km地点を通過した。

しかし、〝苦しみ〟はここからが本番だった。実を言うと、フルマラソンのおよそ2倍となる80㎞に目標を設定したので、それから先の体力配分は計算していなかったのだ（笑）。残り20㎞は、体力が尽きていた。しかし「歩いてでも、はってでもゴールに着いてやる！」と根性だけで走り抜いた。14時間かけて、ゴールにたどり着いた。完走証をもらった時は、思わず泣いた。宮古島の人々の応援があったから、完走できたのだと思っている。

ゴールした瞬間、達成感に満たされた。自分の限界を乗り越えられた。この先、どんな壁に遭遇しても、乗り越えられるという自信がついた。

宮古島！　ありがとう!!

食べ物のありがたみを教えてくれたリンゴ農家

日本国内には、たくさんの田畑が広がっている。放浪中に、田んぼだったり、赤いリンゴをたわわに実らせる農園だったり、緑の茶畑だったり、日本人の食をささえている、さまざまな農業の現場を見た。東京生まれの私は農作業をしたことがなかったので、是非、体験したいと、ことあるごとに「働かせてほしい」とお願いをしていた。

「農業機械の音が聞こえないんでしょ。事故を起こす可能性があるからダメだ」などと断られ続けたが、青森のリンゴ農家の人が、私と同世代のまーしーさんを紹介してくれた。お互いサッカーが好きで、すぐ仲良くなれた。

そして、遂に、まーしーさんのところに住み込んで、リンゴ農家のアルバイトができることになった。農園は、東京ドーム2個分ぐらいはあるんじゃないかと思うぐらい、とても広かった。この広大なリンゴ畑で仕事を手伝った。はしごに登り、赤く実ったリンゴをもぎ取る。ずっと上を見上げるという慣れない体勢での作業で、毎日体のどこかが筋肉痛になっていて、肩が凝ったり、首が痛くなったりもしてくる。マメもできた。農作業はとても大変な仕事だった。このリンゴ園では、考えさせられることが、たくさんあった。

一番大きかったのは、食べ物を作ってくれる農家のありがたみだ。都会に住んでいると、食べ物がどうやって作られているのか、育てるのがどんなに大変かという苦労がわかりづらい。「食べるものなんてスーパーやコンビニにいけばいつでも手に入る」と軽い気持ちで買ってきて、軽い気持ちで食べ残して捨てている。そんなことを繰り返していては、〝食べ物のありがたみ〟には一生気付けない。リンゴ園で働いたからこそ、食べ物を口にできるありがたみが痛いほどわかった。農家の人たちがていねいに心をこめて、稲や野菜や果物などを育ててくれているからこそ、日本人の豊かな食卓が支えられているのだ。

大雨などの災害に見舞われると農家は大打撃を受ける。それをどう乗り越えるか、その苦労たるや並大抵のものではないだろう。やっぱり、実際に見て、やってみないと気付かないことはたくさんある。

そして、まーしーさんのところでは食べ物のありがたさと同じくらい大事なことをもう一つ教えてもらった。それは、〝家族の団らん〟だ。

まーしーさんの家族は、毎日全員揃って、たわいもない話をしながらご飯を食べている。

現代社会では家族一緒に食卓を囲む機会は多くない。揃っていたとしても、テレビや新聞を見ながら食べて、みんなでおしゃべりはしていなかったりする。でも、みんなが揃って話をすることが家族を結びつけるのだ。そして、一緒に食卓を囲む家族こそ何よりも大事なのだ。そのことをまーしーさんの家でしっかりと見せてもらった。

介護福祉士になる！

愛車とともに、たくさん山を越えて日本を縦断したが、山中の村は若い人がいなくて、高齢者ばかりだった。

旅の間、優しくしてくれた村の人たちのたくさんの笑顔がずっと頭から離れなかったが、あの人たちは、若者の手助けがなくて大丈夫なのだろうか…優しくしてもらっただけに、心配になってきた。

こんな私にも何か役に立てることはないのだろうか？　とずっと考えていた。そしてようやく、答えにたどり着いた。

旅行中、高齢者に付き添って、おしゃべりしながら散歩している人たちを見かけた。「何をしているんだろう？」と思ったので、聞いてみると「ヘルパー」や「介護福祉士」といった介護職の人だった。

母は、私と同じように耳が聞こえない。母が歳をとって自由が利かなくなった時、誰かの手助けが必要になるだろう。〝耳が聞こえない〟母が、〝耳が聞こえる〟介護職員に、介護や介助をしてもらうのは、意思疎通がスムーズにできないだろうから、不便だと思う。手話で話せる人に介護してもらった方が、母は安心なはずだ。

それなら私が介護福祉士になればいい！　次にやるべきことが明快になった。

3回目の旅は、自分らしく進む道の端を手繰り寄せて、無事終わりを迎えた。

専門学校で学んで介護福祉士になりたい！

旅から戻って、介護福祉士になるためにはどうしたら良いのかを調べ始めた。どうやら専門学校に入学して国家試験の準備をすることが一番早いようだった。

そう決めてから次のステップに移るまでに、時間がかかった。

住まいのある都内の専門学校に、耳が聞こえない私が入学できるかFAXで問い合わせると、「聞こえないと難しい」「授業はわかるの？」「実習で失敗したら誰が責任を持つの？」「前例がないからダメ」と、戻ってくるのは否定的な回答ばかり。

それでも諦めきれないので、対象を広げて関東一円にある福祉の専門学校にFAXを送り続けるが、ここでも返ってくるのは代わり映えしない返事の数々。

それならもっと範囲を広げようと北は北海道から南は九州までの専門学校に問い合わせてみ

た。だが、どの学校の反応も同じだった。

残ったのは、沖縄だけだった。

泣いても笑っても沖縄が最後。これまでの経緯や「介護福祉士になりたい」というありったけの思いを込めて書いたＦＡＸを送った。すぐ、沖縄リハビリテーション福祉学院（沖リハ）のトケシ先生から返事が来た。

「一度、沖縄に来て、私と話してみないか？」

私は、すぐ沖縄へ飛んだ。トケシ先生は休みの日なのに、わざわざ那覇空港まで出迎えに来てくれた。車の中で筆談しながら、沖リハへ向かった。校内見学をした後、２人で話した。面接でもないのに、私は熱い思いをぶつけていた。真剣な顔でうなずきながら聞いていたトケシ先生は、最後にこう言った。

「前例がないんだったら、あなたが作ればいい。沖縄には『いちゃりばちょーでー』という言葉があるんです。意味は『出会う人はみんな兄弟』。あなたと私がここで出会ったのは、きっと運命なんだと思う。どうですか？　沖縄リハビリテーション福祉学院に来ませんか？」

その言葉で「沖縄に行こう！」と決意した。入学願書を出し、面接を受けて、無事合格！

２００９年に沖縄に移住した。

介護実習は目で盗む！

耳が聞こえない学生が授業を受けるのは、沖リハにとって初めてのことだった。耳が聞こえない学生ための授業方法のマニュアルなんてない。私自身もこれまで、専門技術を学ぶための授業を受けたことがない。耳が聞こえない友達たちにもそんな経験をした者はなく、相談相手はいなかった。

最初は、授業の要領がつかめずわからなかったり、生活面では東京と沖縄の文化の違いもあったりして、戸惑った。しかし、クラスメートは、みんな気さくな人ばかりで、耳が聞こえない私に力を貸そうとしてくれたのでとても助かった。

積極的に手話を覚えてくれ、「耳が聞こえないと、何が不便なの？」「困った時、遠慮なく声かけて」と言ってくれ、放課後には「一緒に遊びに行こう」と、いろいろなところへ連れて行ってくれた。授業は厳しかったけれど、クラスメートに囲まれた生活は、本当に楽しかった。

授業では、耳の聞こえない私のために特別な支援は全くない。大規模な大学だったら、聴覚障害学生の支援制度があって「パソコンノートテイク」といったパソコン文字通訳を使用して、講義内容を文字にしたものの提供があるかもしれない。しかし、そういった支援は沖リハにはなかった。先生はこれまで通りのスタンスで指導していた。私自身も、先生たちが耳が聞こえない私のために特別なことをすると、他の学生たちのための時間が減り迷惑をかけてしまう、と思ったから、自分でできる限りのことをしようと考えていた。

黒板に書いてあることをしっかりノートにとり、教科書をじっくりと読み返すことにした。わからないところは後で、友達や先生に聞いた。クラスメートが「これ、テストに出るって言っていたよ」と教えてくれることもあった。介護の技術の授業は、見て盗もうと、介助などの手本を示す時は一番前でしっかり見て、「教えてください」と積極的に聞いたりした。

1年目は学校内での講義が主だったが、2年生になると校外実習が多くなる。先生たちは私のことを気にかけてくれ、信頼できる友達と同じグループで実習できるようにしてくれたり、実習先の責任者に私のことを事前に説明しておくなど、いろいろ骨を折ってくれたようだった。

クラスメートは2年生になるころには手話を覚えてくれ、手話でおしゃべりした。授業中も先生が板書をしている時は、席から遠く離れている友達と手話で話して、先生が書き終えるとパッと手話をやめるという「サイレントおしゃべり」をすることもあった。気付いた先生からは「また、手話で話している〜」と指摘されもした。今となってはいい思い出だ。

耳の聞こえない潜水士誕生

そんな沖縄ライフを送りながら、ある写真に一目惚れをした。そして、「沖縄の海に潜ってみたい！」と心底思った。

その写真を撮ったのは、偶然にも〝難聴者〟である海洋写真家ユニットうみまーるの井上慎也さんだった。井上さんのことがすごく気になり、出版物に目を通した。井上さんも、苦しい体験を重ねていた。それを乗り越えたから〝海洋写真家〟として今日があるんだな、と思った。

沖縄に移住した翌年の２０１０年の初夏に、沖縄の海に潜ろうとダイビングショップに行く。そこで、たまたま手話のできるダイビングインストラクターと出会い、そのインストラクターと一緒に沖縄の海に潜った。海中は、キラキラと輝いていた。一面のサンゴの上に、色とりどりの魚が気持ち良さそうに悠々と泳いでいた光景が心に焼き付いた。

私は、沖縄の海に恋をした。

気になっていたので、素晴らしい海の世界に連れて行ってくれたインストラクターに「なぜ、手話を覚えたの？」と尋ねた。すると彼は、「耳が聞こえないプロダイバーは本州には何人かいる。でも、沖縄には耳が聞こえないプロダイバーがいない。そうなると、沖縄の海では〝耳が聞こえない〟だけでダイビングを断られることになってしまう。だから、私が〝手話〟を覚えて、耳が聞こえない人に素晴らしい沖縄の海を案内してあげたいと思ったんだ」と手話で教えてくれた。

このインストラクターの手話はとてもこなれていて、わかりやすかった。聞くと覚えて2年目だそうだ。2年目で、あのレベルに到達できているのは、かなりの練習を積んできたはずだ。

この気持ちと努力が耳の聞こえない私には、とても嬉しかった。そんな会話をしていると、私の中にある思いが生まれた。

耳が聞こえない人が美しい沖縄の海に安心して潜れるように、私が〝手話〟で案内して、沖縄の海をもっともっと好きになってもらいたい。

「よし！　潜水士の資格を取ろう！」

潜水士とは、ダイビングスクールのインストラクターがもつ国家資格だ。

私は、潜水士の取得のためにすぐさま動いた。まず世界各地に拠点を持つダイビングショップＰＮＡＵＩの初級スクーバダイバーの資格を取り、続いて、アドバンススクーバダイバーを取り、ナビゲーション、ディープダイビング、サーチ＆リカバリー、ナイトダイビング、赤十字救急法救急員技術、レスキューダイバーの資格を次々に取得した。潜水技術とともにダイビングに必要な知識を習得していった。

最後に挑戦したのが、プロ昇級試験ともいえるダイブマスターの試験。このダイブマスターの資格を取れば、ダイビングライセンスを持っている人と一緒に潜り、一般のダイバーに水中を案内することができる。

ダイブマスターの試験は厳しかったけれど、無事にクリアすることができた。最後に国家資格の潜水士試験を受け、合格し、念願のプロダイバーになった。

しかし、壁はまだあった。それは、耳が聞こえないプロダイバーを雇ってくれるダイビングショップを探すことだ。介護福祉士養成の専門学校を探したときと同じ要領で、沖縄にあるダイビングショップに片っ端から「私は、耳が聞こえません。それでも、耳が聞こえない人のために沖縄の海を案内したい」という思いを綴ったメールを送った。

この時も、介護福祉士の時と同様に「ご期待に沿えず申し訳ございません」という返事が20社以上から届いた。しかし、その中で1社だけ、前向きな返事が返ってきた。そのダイビングショップに行き、面接を受けた。私は、沖縄での生活や、これまでの経緯を話した。

店長は、「起こるかもしれないことを心配したり、不安になっても仕方ない。やってみないとわからないのだから、やってみよう」と言ってくれた。

これで晴れて、〝耳の聞こえない〟プロダイバーとなった。そのダイビングショップのホームページに、「手話で案内するろう者のプロダイバー」として私が紹介されると、早速本州からダイビングライセンスをもつ耳が聞こえない人からの複数の申し込みが入ってきた。「やはり、私の予想通り、耳が聞こえない人は〝手話〟ができるプロダイバーを求めていたんだ」と耳が聞こえない人の役に立てそうで嬉しかった。沖リハを卒業後、平日は介護福祉士として働き、休日を中心に潜水士の仕事を続けた。

何度か案内しているうちに、「耳が聞こえない人にとって、潜水士は天職なのかもしれない」と考えるようになっていた。海の中では、レギュレーターをつけるので、〝口〟を使った会話はできない。もちろん〝声〟も出せない。必然的に〝筆談〟することになる。耳が聞こえる人と潜る時は〝筆談〟で、耳が聞こえない人とは〝手話〟でコミュニケーションをとる。

耳が聞こえない人は、普段通り〝筆談〟や〝アイコンタクト〟、〝手話〟で意思疎通を図るので、コミュニケーションでのハンデがない。むしろ慣れている分、スムーズに伝えられる。そういう意味では潜水士は、耳の聞こえない人にこそ向いていると、考えられないだろうか。

心を教えてくれた沖縄　なんくるないさー

沖縄の「なんくるないさー（なんとかなる）」精神には、何度も助けられた。学校のテストでもスポーツでも、さまざまな場面で「これは、危ないんじゃない？」「無理じゃない？」という状況に出会う。この時、「なんくるないさー」と声を掛けられると、実際になんとかなってしまう。どうやら、何をしたって最終的にはなんとかなるものみたいだ。

その場しのぎとか、危ないことを先送りして今はうまくやりすごすとか、すり抜けるという悪い意味ではなく、「しっかりやれば、なんとなる」ということを知り、気持ちが前向きになることを学んだ。

沖縄の人は人と向き合うことを大事にする。「深く関わらないと、いつまで経っても、相手を知ることができない」と教えられた。

そういった付き合い方で、救われたことがある。

学校生活で非常に悩んでいて、ある時、学校を休んだ。その日の晩、沖リハのカナメ先生が飲み物やご飯やお菓子など持って私の家に来てくれ「食べながら、話そう」と言ってくれた。悩みを口にできたことで、心の中が軽くなったような気がした。

耳が聞こえない介護福祉士誕生

介護福祉士に合格し、沖縄で就職活動をすることにした。耳が聞こえない介護福祉士は珍しかったので、就職先を探すのに苦労した。

でも、なんくるないさー！　いくつかの施設から内定をもらえた。しかし、私は「高齢者のいる施設で働きたい」という気持ちだけで介護福祉士の試験を受けたわけではなかった。実習を通して、「私と同じような障害のある子どもたちと向き合いたい」と強く思うようになっていた。その思いを貫きたかったので、内定の出ていた高齢者施設で働くのには迷いがあった。

ある日、手話サークルで知り合った友達の勤務先の話になった。その施設は高齢者だけでなく障害のある子どもたちもデイサービスを利用していた。近くにある普通の小学校の児童が通う学童クラブも併設されているという。その施設が掲げているテーマは、「共に生きる」。

私の目指しているものと共鳴する施設が見つかった気がして、そこで働きたいと思った。その友達を通して施設長を紹介してもらい、面接し、すぐ就職した。私は希望通り、障害をもつ子どもが利用しているデイサービス担当となった。

利用者は、言葉を発せられない障害のある子どもたちが多く、言葉を発することができる、四肢に障害のある子どもたちもいた。

言葉を発せられない障害のある子どもが介護福祉士に何をしてもらいたいと訴えているのかを〝十四の心〟をフル稼働させ、表情や身振りで感じ取っていった。

言葉を発することができる四肢に障害のある子どもたちとは、時間をかけて向き合い、ゆっくりコミュニケーションすることで意思疎通を図っていった。利用者が満足できたかどうかわからないが、私自身は、自分が思い描いた通りの介助ができたのではないかと思っていてとても充実感があった。

そういった日々を送っていると、障害のある子どもたちが私のことを「春日せんせーい」と呼ぶようになってくれていた。「着替えたい」と言われたら着替えの介助をし、「散歩に連れてって」と言われたら散歩したり、ドライブしたりした。送迎時に子どもたちが「やった！　春日先生と同じグループだ」と喜んでいるのを見ると本当に嬉しかった。「ずっと、この施設で働き続けたい」と思っていた。

しかし、仕事をしていて気になることが出てきた。

他の国の障害者や高齢者はどうしているんだろう？　私にとって、多くの障害者や高齢者のことを考えるということは、自分自身の「生きる」意味を探すことと大きく重なっている。

同時に、29歳になって「30代になる前に20代最後として大きなことをやりたい」とも思うようになっていた。その大きなこととは……

世界一周！

私は20歳の時、日本で使わなくなった補聴器を集め、修理してタイに持って行き、タイのろう学校の生徒とホームステイするというプロジェクトに参加したことがある。

タイでのホームステイは、驚かされることばかりだった。

ご飯は、ハシを使わずに手で食べる。トイレは水洗式ではなく、小さなバケツに水を汲んで手でお尻を洗う。お風呂は、湯船につかるのでなく、水を頭からかぶっていた。

国歌の時間になると町のみんなの動きが一斉に止まる。タクシーや三輪車タクシーのトゥクトゥクにはメーターがなく、事前交渉。レストランで注文もせず、席に座って休憩所として使うなどなど。

「日本のマナーは、通じない」という異国の文化を目の当たりにした。

こうした経験が「世界って広いんだ。私もいつかもっとたくさんの国に行って、この目で世界を見てみたい」という興味を私に植え付けていたのだ。

ピースボートで4か月かけて世界一周

一度思いに火がつくと、日に日に、「世界へ行きたい」という気持ちが大きくなっていった。気になるのは、費用だ。「一番安く、世界一周する方法」をネットで検索すると、「ピースボート」が出てきた。たまたま、説明会が来週、沖縄で行われる。「これは運命だ！」とすぐ説明会の申し込みをした。

耳が聞こえないことを事前に伝えていたので、スタッフから筆談で説明を受けた。どうやらあることをすれば、無料で世界一周ができるらしい。しかも、3食付き！

「話がうま過ぎて、詐欺なのでは？」と最初は、疑心暗鬼だった。

飲食店などでピースボートの「地球一周」というポスターを見かけたことがあるかもしれないが、無料になる方法とは、ピースボートのあのポスターを貼ってもらえるお店を探すこと。

例えば世界一周の正規料金が129万円だとする。ポスターを1枚貼ると300円割引になる。129万円を無料にするには、129万円÷300円＝4300枚で、4300枚貼れば旅費を支払わずにすむ計算になる。気の遠くなりそうな数字だったけど、なんくるないさー！

迷ったり悩んだりするより「とりあえず、貼ってみよう」とスタートした。

やる気、交渉力、笑顔。半年で4300店にポスターを貼る

ポスターを受け取り、最初の1店目に入り、「ポスターを貼らせてもらってもいいですか?」と交渉をすると「ダメ」とあっさり断られた。2店目も同様に断られた。「このままだと4300枚貼り終えるまで、時間がかかってしまう!」と危機感を抱いた。

そして、私なりに敗因を多方面から探ってみた。

最初の一言がいけない。「すみません。あのー相談ですが…」。腰が低いと却って怪しまれて、門前払いになってしまうのではないか。お店には、これまでいろいろな売り込みが来ているだろうから「また、営業か」と思われて、警戒され即座に断られてしまう可能性が大きくなる。

そこで、〝耳が聞こえない〟という最大の武器を活かし、事前に筆談ボードに「世界一周したいので、夢への協力をお願いします。あなたの協力が、世界一周へのキップとなります」と書き、笑顔で元気良く、入店し、最初に耳が聞こえないことを伝えることにした。ボードを真剣に見てくれる。そうするとだいたい「OK」と手でサインを出してくれる。ポスターを貼った後、店長に掲示承諾をもらったという許可証にハンコを押してもらって交渉がクローズとなる。

このスタイルだと1件につきトータル3分で済む。予想以上にスムーズに行って、逆に怖いぐらいだった。熟考に熟考を重ねた〝鉄板パターン〟ができあがった。あとは実践あるのみ！

交渉時のコツは元気よく笑顔で挨拶すること。そして、〝世界一周〟に縁がありそうな、例えば、「地球」「アース」「訪問先の国名」などといった言葉が店名に含まれているところでは、「縁があるから貼らせて！」「その国に行ってみたいから貼らせて！」と一言付け加えることも忘れなかった。

私の名前（春日晴樹）にちなんだ店名をもつ店舗も多くあった。「空」「青空」「春」「はる」といった言葉がつく店の人にも「縁がありますね！」と話を盛り上げたりした。沖縄では「はるんちゅ」＝「畑人」という意味なので、「縁がありますね！」と農家で言うと高確率でＯＫをもらえた。

休日や仕事帰りなど空いている時間を見つけては、いろいろな町に行って、片っ端からお店に入り、店長や責任者に会い、交渉して、貼るという毎日が続いた。

鉄板パターンの言い方なども少しずつ改良を重ね、最終的には90％の確率で「ＯＫ」をもらえるようになった。半年でトータル約４０００枚を貼った。その間、本当に長かった。しかし、船で知り合った友達に聞くと「半年は、早すぎる。普通は、２年くらいかかるよ」と驚かれた。

なんくるないさー！

大事なのは〝やる気〟と〝交渉力〟と〝笑顔〟だ（笑）。

横浜から世界に出発

世界一周のキップを手に入れることができた。

とはいえ、世界一周に行くタイミングが難しい。介護福祉士として仕事にやりがいを感じ始めていた時だったので、「私がここを退職したら、私を頼ってくれている利用者は悲しむだろうな」「大好きな沖縄を一度離れたら、いつ沖縄に戻って来られるかわからないな」とさまざまな想いが湧いてくる。

しかし、「今、やらなきゃ、いつやる!?」「迷っているのは、やりたいという証拠！　だから今しかない！」と心を決め、思い切って、施設長に退職することを伝えた。

かなり驚かれたけれど「沖縄に帰ってきたら、またここに働きにいらっしゃい」と言ってもらえた。本当に嬉しかった。

東京に戻り、出発前の1週間であわただしく世界一周のための準備をした。

万が一のことを考え、妹だけには「明日から世界へ行ってくる！」と伝えた。妹は、キョトンとした顔をして連絡先を書いた紙を受け取っていた。親や友達には内緒にして、翌日、荷物を持って、船が出航する横浜港に向かった。

横浜港では、若者からお年寄りまで幅広い年齢の人がピースボートの乗船を待っていた。当然、みんな知らない人ばかり。たくさんの人が乗り込むようで、思ったより大きな船だった。ちなみに、船のスタッフは外国人ばかり。小学校に転校し、初めて、耳の聞こえる人の世界に飛び込んだ日のことを思い出し、すごくワクワクした。

ピースボートのスタッフから紙テープとシャンパンが入ったグラスを受け取り、紙テープを船から港に向けて投げた。周りの人も紙テープを次々に投げ、たくさんの紙テープが船と港の間に渡された。海風に吹かれながら紙テープがひらひらと揺れる。汽笛と共に出航。紙テープが少しずつ伸びていき、最後は伸びきって、切れていった。

「夢だった世界一周が今、叶うんだ！」と感無量だった。

ソマリア沖付近で「海賊出没」警報

東周りでタヒチ、ペルー、パナマ、ジャマイカ、キューバ、セネガル、スペイン、フランス、バチカン、イタリア、ギリシャ、トルコ、ブルガリア、ルーマニア、ウクライナ、エジプト、サウジアラビア、インド、シンガポール、台湾に寄港していくルートだった。

寄港した土地では、その国の人々や食べ物や文化などに触れ、たくさんの人と交流し、たくさんのことを学んだ。

海外で一番問題になるのは、コミュニケーション方法だろう。私は日本語と日本手話しか話せない。英語やスペイン語などはわからないけれど、手話を応用した身振りで、どんな国の人とでも会話できる術を身に付けた。土産を買う時に値引き交渉が必要だったり、写真を撮るのにお金を要求されたり。最初は、異国の人たちのハングリーさに押され気味だったけれど、旅に慣れた頃には、強気で交渉できるようになっていた。

前々から見たいと思っていた「ナスカの地上絵」や「マチュピチュ」や「スフィンクス」や「エッフェル塔」などもこの目に焼き付けることができた。中でも、パナマ運河で見た閘門《こうもん》式運河は、見ごたえ十分だった。大型船を運ぶために閘門（水門）で仕切ったドックに注水・排水して、水のエレベーターで船を上昇させるのだ。ものすごい迫力で、船旅ならではの感動の瞬間だった。

旅に〝想定外〟はつきもの。一番焦ったのは、ソマリア沖付近で発生したエンジントラブル。船が動かず、2日間近く漂流した。ソマリア沖は今の時代に珍しいが、海賊が出没するので「海賊に襲われないか」と心配だった。そこで一度だけ「海賊出没」という警報が船内に鳴り響き、避難したことがあった。結果的に襲撃はなく無事に過ごせた。しかし、エンジン故障で電気が使えなくなったので、夜は、懐中電灯で周囲を照らした。エアコンの電源も入らず、船内は暑かった。食事も作れないので出てこない。土産で買ったお菓子を食べてしのいだ。

たくさん話したいことはあるけれど、世界一周日誌になってしまうので、ここまでにしておこう。続きは、またの機会に。

10年にわたる放浪の旅の終焉

19歳のとき、私の冒険は「もっともっと〝日本〟を知りたい！」という思いからスタートした。旅を通して、たくさんの人と交流し、その土地の風土や文化や歴史を知ると「あぁ、まだまだ知らないことばかりだったなぁ」と感じる。〝井の中の蛙大海を知らず〟ってきっとこういうことを言うのだろう。

それで、一つ旅を終えると、湧き出す水のように、次への夢が生まれていった。29歳の時には、「日本だけではなく、〝世界〟を知りたい！」と考え、旅に出た。

しかし、世界一周は私の放浪の旅のラストランだ。10年間にわたる夢物語の舞台から降りる時がきた。世界一周旅行の終わりにそういう思いがどこからともなく湧きあがった。

横浜港で船を下り、そこから家まで30・20・10…4・3・2・1㎞と自宅がだんだん近づいてくると、なんだか飛行機のタラップを一段ずつ降りているような感じがしてきた。無事、家に着く。タラップの最後の階段を踏みしめた後、地面に足が着いた。「これで冒険が終わった」と心の中で言っていた。

最初は原付バイクで、その後、日本全国をめぐり、最終的に世界一周もした。旅したのは総計地球5周分の20万㎞にも及んだ。

旅には、気力や資金が必要だ。今回の旅で、両方とも使い尽くしてしまった。そう思うことは決して寂しいことではなかった。むしろ、こみ上げて来たのは「これで私は、思い残すことなく〝旅人〟という肩書から卒業できる」という充実感だ。

自分の足で歩き出す

10年を通して旅の主眼は「生きる」意味を探すことだった。冒険をしながら、その〝答え〟をずっと探していた。一生懸命、探して、探して、探した。だけど、どこに行っても、〝答え〟は見つからなかった。

それじゃあ、冒険は無意味だったのか?

それは違う。

冒険した先で〝答え〟が、見つからなかったのは、〝答え〟がすでに、私の中にあったからだ。旅はそんな大事なことに気づかせてくれた。

私は今まで、日常生活を離れた〝旅〟のどこかに、〝答え〟が隠されていると信じ、探し続けてきた。しかし、旅に出て、出会った人や出来事がきっかけで、自分の中に未知の自分がいることを知り、そこから未知の自分と向き合い、本当の自分自身を知ることができた。さまざまな刺激を受けながら、少しずつ自分の〝考え〟や〝思い〟を整理することで、ものの見方に〝変化〟が生じてきた。そんな中で、旅の鉄則を見つけ出す。

それは、どんな場面でも冷静になること。慌てたって、焦ったって、仕方ない。逆に、慌てたり、焦ったりすると視野が狭くなり、周りが見えなくなって、大事な何かを見落としてしまう。前に歩むだけではなく、時には冷静になって、立ち止まって、足元を見て、石ころや落とし穴といった危険物がないか、確認して、歩むということがとても大事だ。

この旅の鉄則は、「生きる」ことの鉄則でもある。

つまり、日々の生活というのは目の前にしかなく、足元を確認し目の前のことを大切にして、時には立ち止まりながらも、一歩一歩進むことが求められている。そしてそのことこそが「生きる」ことなのだ。

「生きる」意味だけでなく、「生きる」ための自分の居場所も確保しようと、この間、一生懸命探し続けてきた。しかし、居場所は、他人が作ってくれる訳ではない。自分で作り出さないと、いくら探しても出てきはしないのだ。

これまでの3回の国内放浪は、不思議なことに旅が終わると、必ず次に目指すべき自分の〝居場所〟がかすかに見えてきていた。世界一周を終えた時には、心の中で、声がした。

今のあなたなら、もう大丈夫。

自分に自信がついたから、いや、確信を得たからこそ聞こえた言葉なのだろう。

旅の思い出

父親代わりの人との出会い

世界一周の船で元教師の〝もっちゃん〟に出会った。

私が、耳が聞こえないことを知っていたのか、もっちゃんは、いきなり〝手話〟で話かけてきた。「私、手話ができるよ。何かあったら遠慮なく言ってね」と、自信たっぷりな表情とは裏腹に、手話はぎこちなかった。

髪とヒゲをボーボーに生やしているこのおじいさんは、見た目は近寄りがたそうだった。でも、毎晩毎晩、一緒に食べ、一緒に飲み、いろいろ話しているうちに「良い人だな」と思った。船の中で困ったことが起きると相談に乗ってくれたり、何かあるたび、助けてくれた。いつも「大丈夫?」と気にかけてくれた。両親の離婚で、父親不在の生活をしてきた私にとって、もっちゃんは父のような存在に思えて、閉ざし続けてきた〝心〟をいつの間にか開いていた。開いてみて初めて、私はこれまで人の前で素の自分を見せ、素直になれたことはあったのだろうか? と思った。もっちゃんには、素の自分を見せることができた。

私はそれまでは「父親がいなくても、大丈夫」と、強がってきたのだろう。本当は寂しかったのだが、それを、素直に認めてしまうと、自分は弱い人間だと認めてしまうようで怖かったのかもしれない。

父がいれば、どんな毎日を送っていたのだろう?

父がいれば、母は苦しまずにすんだのだろうか?

もっちゃんと過ごすことで、今まで封印していたこの疑問にもしっかりと向き合えるようになっていた。

船の中では、〝はるの空〟というポジティブなテーマで何回か講演した。1回だけは、〝はるの海〟というタイトルで、ネガティブな内容を話した。タイトルを〝はるの海〟としたのは理由がある。〝空〟は頭の上にあり、明るくポジティブなイメージ。しかし、海は深く潜るたびに光から遠ざかり暗くなっていくし、何でも飲み込む怖さがあって私の中ではネガティブなイメージとつながりやすい。ネガティブなテーマを扱えるようになったのは、もっちゃんと出会い、弱い自分を受け入れられるようになっていたからだと思う。

〝はるの海〟では、これまで差別を受けて、傷付いてきた胸の内を話した。しゃべったことで、私の中にあったたくさんの〝負〟が吐き出せた。その時、「あぁ、やっぱり、私は、父がいなかったことで苦しかったのだ」と改めて素直に認めることができた。私が傷付いた時に、味方になってくれたのは、母だけだった。もし、父がいたら、どんな言葉をかけてくれただろうか？　そんなことも冷静に考えられた。

〝はるの海〟の講演が終わった後、泣いている人も多かったが、もっちゃんは、笑顔で「ご苦労様」と声をかけてくれた

もっちゃんの笑顔は「どんなに辛いことがあっても、笑っていようよ」と告げていた。

いつも、長い髪とヒゲをぼさぼさにしているもっちゃんは、どうみてもだらしないだけなのに、自信満々で「イケてるだろ？」と言ってきたり、「俺はすごいんだ」とばかりに「手話ができる！」と口にしている。そのわりには、手話がぎこちない。無骨さというか、ふてぶてしさには本当に参る！

そんな憎めないもっちゃんのおかげで「結婚してもいいかな」という勇気が湧いてきたのは、不思議だ。なぜかもっちゃんに出会って、私なりの結婚観が固まり、同時に私にとっての、理想の父というイメージが見つかったのだ。

それまでは「私が経験したようなこんな苦しい思いをさせるくらいなら、親にはなりたくないし、そもそも結婚なんてしたくない」と思っていた。もっちゃんは、お世辞にも私が望んでいる友人像や父親像とは言えない。全くかけはなれている。しかし、私を心から大切に思って

くれている。自分が求めているものを探し続けるのもいいが、身近にある宝を磨き、大切にする。そうすることで幸せは十分味わえることを教えてくれたのが、もっちゃんだった。もっちゃんと出会えたからこそ、結婚できたんだと思う。

結婚式にはもっちゃんを招待した。今では、年に数回、もっちゃん家に泊まりに行く。本当にもっちゃんに出会えて良かった。

＊はる語録＊

前例がないんだったら、自分が作ればいい。

第6章

JAXA（宇宙航空研究開発機構）で働く

おじいちゃん、ごめんなさい

世界一周から戻った後、沖縄には帰らず、東京で生活することにした。きっかけは、大好きな祖父が亡くなったことだ。帰国翌々日のことだった。出発前に身体がかなり弱っていたことは聞いていた。しかし、祖父はきっと「男なら行ってこい」と言うと思ったので、何も告げずに世界一周に出かけた。

私の自宅の近くに、祖父は、祖母と叔父と一緒に住んでいた。家では、無口で厳しい顔をしていたが、根はとても優しい人だ。幼い私が夜中に高熱を出した時、病院まで連れていってくれたのは祖父だった。

私がサッカーで鼻骨骨折をして、地方の病院に入院していた時は、遠いのに毎日お見舞いにきてくれた。「大丈夫か?」と聞かれ、「うん」と頷くと「そうか。それなら良かった」と言って、その後は、椅子に座って本を読んでいる。そして、夕方になると帰っていく。私は、祖父がいてくれるだけで嬉しかった。

小学生の私が、美容室のガラスを割ってしまった時も怒ることなく、「ケガはなかったか?」と気遣ってくれた。家族に黙って出かけた初めての日本放浪から帰った時も、ただ笑顔で「おかえり」と迎えてくれた。旅の話をすると「そうか、そうか」と嬉しそうに耳を傾けてくれた。多くは語らないけれど、「男なら、最後までやりなさい」「晴樹が楽しいなら、それでいいよ」とずっとエールを送り続けていてくれたのだ。祖父の背中からは優しさがあふれていた。

私は、帰国後真っ先に病院へ向かった。祖父は痩せ細った体をベッドに横たえていた。目が見えなくなっていたので、祖父の耳元で「晴樹だよ。帰ってきたよ。遅くなって、ごめんなさい」と声をかけた。祖父は、少し笑ったような気がした。

私の旅行中にかなり危ない状況に陥ったのにもかかわらず持ち直した、と帰国した日に、家族が教えてくれた。おそらく、私の帰国を待っていてくれたんだと思う。

そして、見舞った翌日に亡くなった。「介護福祉士なのに祖父に何もしてあげられなかった」と申し訳なさから、泣いてしまった。

せめて、これからは毎月お墓参りに行くことにして、東京で生活することにしたのだ。

憧れのＪＡＸＡへ

ある日、ＪＡＸＡのホームページを見ていると求人がアップされていた。「今の私ならできる！」と根拠はないが、なぜか強い確信だけはあった。数回の面接をクリアし、入社することになった。

実は、10代の頃からずっとJAXAに憧れていた。

初めての日本放浪は、ろう学校の専攻科に通っていた19歳の時。その旅先でJAXAの種子島宇宙センターに立ち寄ったのだ。とても広くて、模型ロケットなどを展示している大きな施設があった。迫力のある映像や展示物を見ながらドキドキして「すごいな」と、何度も口にしていた。1日ではとても見きれず、もう1日延長して、映像や資料を見て回った。

「宇宙って、ものすごい。いつかJAXAで働けたらいいな」とこの時から思っていたのだ。

私は高校卒業後大学には進学せず、ろう学校の専攻科に進んだ。ろう学校は授業のスピードが遅く、その分学ぶ内容も限られている。だから、学力や知識は乏しい。就職に有利な資格だってもっていない。そんな私が宇宙開発の最先端の組織で働くなんて夢のまた夢だと思っていた。

種子島宇宙センターの訪問から、ホームページでの求人をみつけるまで、約10年間。

企業で経験を積んで、沖縄に移住。そこでも介護福祉士と潜水士の資格を取り、そのライセンスを使って仕事をした。この2つの資格を含め、10年間で取得した資格の数は25に及ぶ。これがJAXAの入社試験や実務で役立ったのかはわからないが、間違いなく自分の人生を豊かにしたと思う。

障害者の利用促進に取り組む

ＪＡＸＡでの配属先は、広報部。広報部に耳が聞こえない人が配属されるのは、まれなように感じる。耳が聞こえない人の多くは、社外の人と頻繁に接することのない、経理・総務部や人事関係といった事務職に就く。

私は、広報部で何ができるのか？　配属先を告げられた時は皆目見当がつかなかったが、すぐにやりたいことが浮かんできた。

種子島宇宙センター訪問後、ＪＡＸＡのホームページにはよく目を通していた。そこで告知しているイベントの対象者はみんな健常者だった。ホームページの内容についても難しいな、と感じさせるものが多かった。

障害のある子どもたちは健常者と一緒のイベントには参加しづらい。例えば宇宙の話をしたとしても、子どもたちの学力が遅れていたりすると、理解するのが難しい。また、万が一のトラブルも想定し障害について知った上でイベントを企画する必要がある。

私は、介護福祉士としての実務経験がある。自分自身に聴覚障害があることもあって、さまざまな障害を理解している。そんな私には、障害者向けの広報はうってつけのはずだ。入社翌日、早速広報部長に「バリアフリーの視点を取り入れたさまざまな企画をやりたい」とスライドを使ってプレゼンテーションを行った。部長から「障害者たちに宇宙を知ってもらうことは大切だ。やってみて」と承認をもらい、企画の準備に取りかかった。

3年間の在職中に、私が手掛けた仕事は以下の通り。

①パンフレット、リーフレット、カレンダー、クリスマスカードの制作

人工衛星やロケット、アンテナなどの開発・研究について多くの人に知ってもらえるような印刷物の作成。

②「宇宙の日」作文コンテストの審査員

宇宙が大好きな全国の小学生と中学生を対象に、作文コンテストを実施。優れた作文をJAXA賞として表彰。

③障害をもった人も楽しめる企画の開催

・手話案内ツアー

耳が聞こえない人が筑波宇宙センターや相模原キャンパスにある展示室を見学する時に、希望の有無を事前に聞いておき、希望者には手話で案内。手話案内ツアーだけでなく、車いす利用者などさまざまな障害のある人に向けた特別ツアーも実施。パネルなども活用し、理解しやすい内容になるように工夫。

・ろう学校や特別支援学校での〝出張〟宇宙授業

従来の宇宙授業は健常者に向けたものなので、障害のある子どもたちに向け、できるだけわかりやすい言葉を用い、子どもたちと十分にコミュニケーションがとれるようなスケジュールで実施。

・宇宙用語の手話の考案

手話の語彙は、日常生活で使うものが中心で、宇宙に関係する専門的な言葉が乏しい。耳が聞こえない人同士で宇宙のことを話したり、子どもたちが宇宙に興味を持ち、将来研究者や開発者になる夢を叶えられるように、宇宙用語に関する手話を作る。

・展示室のユニバーサルデザイン化

展示室は、障害の有無に限らず、赤ちゃんから高齢者まで、さまざまな人が見学する。みんなが楽しめるよう、見学コースのバリアフリー化を提案。トイレはもちろん、スロープの角度や位置の見直し、手すりや車いす用のエレベーターの設置。パネルの設置の場所の再検討や、車いす利用者でも模型を触れるよう模型台の下にスペースを作るなど、さまざまな提言をしていった。

仕事のこと

ＪＡＸＡは世界の最前端を走る研究機関なのだから、耳の聞こえない人が他の職員と意思疎通するのにも、最新の通訳機器を駆使しているのでは、と思うかもしれない。私もそれを期待していたが、最新の通訳機器はなかった。これまでやってきた通り、筆談やメールやパソコンソフトを活用して上司や同僚たちとやりとりしていた。

会議の時は、他の職員が私の隣に座って、内容を筆談で教えてくれたりもした。しかし、会議の進行スピードが速く、会議中ずっとリアルタイムで伝達してもらうのが難しいので、会議の経緯や結果などをまとめたものを後日もらうことにした。日常的な連絡事項は、メールなどで回って来た。

耳が聞こえないと、多人数での会議や打ち合わせが大変になるが、それ以上に困ったのが、電話が使えないことだ。

広報部に配属された当初、私とペアを組んでいた人は、原稿提出の締め切りが近付いてくると事前に電話で締め切りが近いことを、担当者に連絡していた。締め切り当日に、提出がなかったら電話で催促して、それでも送られてこなかったら、さらに電話で直接話して提出をお願いしていた。

しかし、ペアを組んでいた人が退職し、パンフレットやリーフレットの制作担当が私一人になると締め切りの催促に頭を抱えた。提出締め切りが近付いてくると、私も、前任者同様担当者に締め切りが近いことを知らせる連絡をすることにした。私の場合は、電話でなく、メールを使う。電話が使えないからだ。

ある時、リーフレットに掲載することになった、データや資料を送付してくれるように依頼した。その際に返信がなかった。提出日が来て、何度もメールするが何の音沙汰もない。「メールを読んでくれたのかな？　もしかして、届いていないのかな」と不安になる。こんな時に電話なら、「提出が遅れていますよ。メールは届いていますか？」と質問すれば、即座に返答が返ってくるのだろう。しかし、私は電話ではやりとりできない。

そんな状況なのに、上司からは「別の企画で制作中のリーフレットを使いたいので、早くほしい」と言われ、板挟みになってしまった。そんなことが何回もあった。

仕事が立て込んでいるとか、私の催促のメールを見逃してまったとか、いろいろな事情があるのかもしれない。しかし、何度催促しても音沙汰がないと、私自身どうすればいいのかわからなくなって、本当に困ってしまう。

リーフレットの制作要望のあった部署には、「私は耳が聞こえず、メールだけが連絡手段となるから、私からのメールは、すぐに見て返信してほしい」と事前に伝えている。だから「私からのメールは優先的に見てくれてもいいじゃないいか」「遅くなってもいいから、状況を伝える返事がほしい」と思う。

「仕事なんだから、責任をもってほしい！」「メールの返事をしないなんて、無責任だ！」と冷静でいられなくなる。

耳が聞こえない人なりの方法で

メールの「ＣＣ」機能は、同じ内容を複数の宛先へ一斉に送信するときにとても便利だ。

しかし、この「ＣＣ」は耳が聞こえない人にとって、実に厄介な代物だ。上司からは「メールは情報共有のために必ず『ＣＣ』で関係者全員に送信すること」と言われていた。

私が仕事で交渉が必要になると、ほとんどの場合、メールを使うことになる。それで、交渉している時も、他のメール同様に「CC」での送信が求められた。

ある時、メールを使って交渉していて、そのやりとりはすべて「CC」で送信していたので、その内容は、複数の人が知るところとなっていた。しかし、全体の流れを知らないチームメンバーの一人から、交渉の途中で「なんでそうなるの？　説明してほしい」と要請され、説明するために交渉がストップしてしまったことがあった。

交渉には、微妙なさじ加減があって、理屈通りにはいかないこともある。交渉相手と駆け引きをして、お互いの落としどころを探していくこともあるだろう。耳が聞こえる人はそういった時に電話を使うのかもしれない。時には直接会って話すのかもしれない。こういった微妙な話も、耳が聞こえない人はメールを使う。

ちょっと考えてほしい。耳が聞こえる人は連絡手段として電話を使っている。耳の聞こえない人の連絡手段はメール。つまり、耳が聞こえない私にとって、メールは電話と同じ役割を持つ。交渉する時にスピーカーにしてたくさんの人に話の内容を聞かせる人はいないだろう。だから、耳の聞こえない私のメールをすべて「CC」にするのは、不都合な事も出てくるのだ。

仕事に支障が出てくるので、交渉時の「CC」メールについて上司に相談して見直すことにした。また、印刷物の制作については、催促に手間がかかることを見越して、余裕をもってスタートし「耳が聞こえない私のメールは優先的に見て、なるべく早く対応してほしい」と事前に担当者に何度も告知した。その上で、私からの催促へのレスポンスがない時は、上司から直接電話をかけてもらうようにするなど工夫をした。

耳の聞こえない人はこうやって他者の協力を得ながら、一つ一つ問題を解決していかないと、仕事が回っていかない。

私のような耳が聞こえない者が、耳が聞こえる人の仕事の流れに入っていくのは非常に難しい。耳が聞こえる人と同じスタイルで私たちは仕事ができないのだ。

理由は耳が聞こえないこと？

ある時、私が、リーダーとなって企画を進めることになった。

企画会議のスタート時は筆談やパソコン通訳でリーダーの私にも会議の内容が共有されていたが、ヒートアップして、時間がなくなってくるといつものように私は置いてきぼり。話はどんどん進んでいった。

リーダーは私なのに、そのリーダーが会議の経緯をつかむことができず、「結論」だけを伝えられても困ってしまう。耳が聞こえなくても、会議の〝起承転結〟を知りたい。それができないのに私がリーダーである意味があるのだろうか？

そんなことを言い出すと「私たちだって悪気がある訳じゃない。でも耳が聞こえないあなたにしてあげられる方法が他には浮かばないんです」「耳が聞こえないから仕方ないじゃないですか」という言い分が聞こえてきそうだが、耳が聞こえない人と一緒に仕事をするという視点で、仕事環境を考えてほしかった。

ある日、話に入れなかった会議の〝結論〟をまとめたものを手渡された。その書類を見て、次の会議の時に、私なりに考えた企画案を出した。すると「それは先日の会議でボツになりました」と指摘があり、大きなショックを受けた。私は結論しか知らされていないので、過程がわからず、いろいろ考えて準備していたのだ。

「なぜ、私には結論だけしか教えてくれないんだ？　私だって、経緯を知りたいのに、リーダーは私なのに、私だけが会議の過程を知らないいなんて、おかしくない？」

しかし、そんな心の葛藤はあまり理解してもらえない。耳が聞こえないので会議の流れに入れないのに、いきなり「あなたはどう思う？」と尋ねられても、答えられるわけがない。それなのに「何も考えてないのね」と思われてしまう。

ある日、企画の締め切りが近づいてきたので、担当者に打ち合わせの日を提示した。担当者は私には「忙しいから、他の日にして」と返事をしておきながら、他の〝緊急〟会議には出席してしまう。

「私だって急いでいるのに、そんなに私の仕事は優先順位が低いの？」と考えこんでしまった。

大事なのは理解する〝心〟

ちゃんと会議の流れに則って、みんなと一緒に提案や議論をしたいのに、それができない。会議の内容をしっかり、知りたいのにそれもできない。新しい技術は次々生まれるのに、耳が聞こえない私が耳の聞こえる人たちと何の妨げもなくスムーズにやり取りできる革新的な技術も機械もまだ誕生していない。

こんなふうに〝技術〟だけに期待すべきなのかな？

こういった問題解決の鍵は、技術にあるのかな？

私は、〝技術〟よりも人の〝心〟で補える部分がたくさんあると思っている。もう少し心と時間にゆとりをもって、障害のある人が働きやすい仕事環境が作れないものなのだろうか。

辛くて悲しくても、腹が立ってもへこたれず、挫けず、負けずに仕事をしてきたのは、「耳が聞こえない後輩が入社してきた時、働きやすい環境であってほしい」という願いがあったからだ。

大きな組織は、頻繁に異動がある。「耳が聞こえない人も、働きやすい環境にしよう」と改革が進み、ようやく障害者を受け入れる環境が整うと思った途端、中心メンバーが異動して、〝環境改革〟は尻切れとんぼで終わってしまったりする。代わりに異動してきた部員には障害のことを初めから説明することになり、働きやすい環境づくりのための改革はなかなか前に進まないこともある。

正直に言うなら、耳が聞こえない人がいる部署やチームのメンバーは異動が少なくなればいいのにと思っている。

障害のある人の得意なことと不得手のことをしっかり把握し、その人に合った仕事を与えれば、もっともっと活躍できると思う。

そして、何よりも社員同士のコミュニケーションを取りやすくすることが、耳が聞こえる人の働きやすい環境作りにつながるのではないかと思う。

毎日ワクワクしていたＪＡＸＡでの日々

世界トップレベルの宇宙や航空の研究をしている組織で働けたのは、非常に名誉なことだったと思う。毎朝、受付にあるＪＡＸＡのロゴマークを見てから自分の部署に向かったが、「今日はどんなことが待っているんだろう」とワクワクし、武者震いしていた。

ＪＡＸＡの職員として「人々と接することの喜び」「創造する気持ち」「誇りと責任」を背負いながら業務をこなしてきた。苦しかったこと、大変だったこともたくさんあった。しかし、そういったことを含めて夢のような時間だったと思う。19歳の頃に抱いた「ＪＡＸＡで働きたい」という夢が叶ったのだから。お世話になった職員には感謝の気持ちでいっぱいだ。

夢物語を終えた時、背中にあった重いものが「スーッ」と消えたような気がした。

どうやら、たくさん背負っていたみたいだ。

今となっては、私が担当していたＪＡＸＡの展示室や学校を訪問して実施していた「手話案内ツアー」がなくなったことが残念でならない。

あの案内は、誰でもができるわけじゃない。手話には、日本手話、日本語対応手話、指文字などいろいろな種類があるが、複数の手話が理解でき、バイリンガルな手話ができ、宇宙の知識を持ち、臨機応変に対応ができないと難しい。そういう自負をもってやってきた。

この手話案内ガイドの仕事を次の若者につなげることができなかったことが、一番の心残りだ。

＊はる語録＊

できないって、誰が決めた？
やってみなきゃ、わからない。できるだけやってみよう。

第7章

伝えたいこと

最終章は、耳が聞こえない私がこれまでの人生でどんなことを考え、どんなことを見つめ、どんなことを思ったのか、を書こうと思う。

仕事①声を出して、働きやすい環境作りを

耳の聞こえる人が多数派を占める〝耳が聞こえる人がいる社会〟で私たちが働くには、さまざまな苦労がついて回る。

職場には聴覚障害を理解しようという人ももちろんいた。一方で、そうでない人もいた。そういった環境の中で耳が聞こえない私は、「置いてきぼりにされている」と感じることがあった。数日前の打ち合わせで決まったことを進めようとすると、すでに他の人が担当していたり、決定事項が変更されていても私には知らされなかったりして、情報共有がなされていないと、しばしば感じた。

変更されていることに気づいたら、部署のメンバーに聞くしかない。私はわかるまで何度も聞いた。しかし、その状況に私自身が嫌になってしまうし、何度も同じことを聞かれる同僚も疲れてしまう。だから、職場環境全体を改善する必要性があると感じた。上司に「職場環境を

改善してほしい」と提言したが、解決方法が見つからないまま、うやむやになってしまうこともあった。

仕方ないといえば、仕方ない。一つの組織で解決できる問題ではない。国が本気で「障害者が働きやすい環境にしよう」と改革しないと抜本的には解決しないと思う。

日本の女性雇用は、30年以上の年月をかけて大きく変わった。女性にとって働きにくい環境だったが、今や女性の社会参加が一般的になり、以前よりずっと働きやすくなっている。だから、障害者も今まで以上に声を上げて、障害者が働きやすい環境作りをしていくしかない。

仕事②メモは大事なメッセージ

耳が聞こえる人との感覚の違いを痛感した出来事を紹介したい。

職場で筆談してくれると、本当に助かる。その同僚は、ありがたいことに仕事のメモを私に渡してくれた。私が読み終えると、その同僚は「返して」とメモを持っていった。わざわざ持ち去ったので、席に持ち帰るのかと思って見ていたら、ゴミ箱に捨てた。皆さんはこれを、当たり前の光景に思うかもしれない。

しかし、私にとって、書いてもらったメモは重要な情報なのだ。たかがメモでもその大切さが違うのだ。だから、耳が聞こえない人に渡したメモは、その人に預けてほしい。耳が聞こえない私たちにとって、大切な情報なのだから。

最近では簡易筆談器「かきポンくん」や電子メモパッド「ブギーボード」など、筆談用の道具が出回っている。こういった機器を活用して伝えてくれるのは、私としてはたいへん嬉しい。

ただ、ひとつだけお願いがある。すぐ消すのは止めてほしい。メモを目の前でゴミ箱に捨てるのと同じように、耳の聞こえない人は傷ついてしまうことがあるかもしれない。耳が聞こえない人は、他者から得た大切な情報やメモを、その後しっかり活用したいと考えていると思う。

耳が聞こえない人が最後まで読んだか、ちゃんと理解できたかを確認してから消す配慮がほしい。一度渡したメモを、持っていくなら、耳が聞こえない人の意向を確認してからにしてくれると気持ちのすれ違いも防げるはずだ。

仕事③嬉しいのは「障害を理解したい」という気持ち

耳が聞こえない私だって、同僚たちとたくさん話がしたい。だから、職場では、私から積極的に仕事の話をするようにしていた。しかし、用件が済むと相手はすぐにPC画面に向いてしまう。「調子はどう?」くらい、聞いてほしかったな。そんなことを尋ねてくれる耳が聞こえる人は少数派だった。

そして、私自身は、耳が聞こえる人から仕事以外のことで声をかけられることは、ほとんどなかった。職場の人は、私のことを「すごく真面目で大人しい人」と思っていたらしい。実際に、そう言われたことがあった。しかし、それは、私の本当の姿ではない。朝出勤して、同僚と直接話すこともなく、ひと言も発せず、退社する。そんな私は、職場に立ち尽くすマネキンみたいだ、と感じていた。

本当の私に、早く気付いてほしい、と日々もんもんとしていた。

耳が聞こえる、聞こえないに関係なく、友達となら楽しくいろいろおしゃべりするのに、職場では話す機会がないので、私のことをわかってもらおうにもチャンスがない。何も話さないまま、一日が終わっていく毎日。割り切れない時間を過ごしていた。

新年会・忘年会・打ち上げ・送別会といった会合には声をかけられる。誘ってもらっても、ほとんど断ってきた。本心は参加して、みんなと話がしたい。しかし、耳が聞こえない私にとって飲み会は決して居心地のいいところではないのだ。

というのも最初はみんな素面なので、筆談してくれるが、場が盛り上がってくると、口だけで話し始める。お酒が入ると筆談は、面倒になってしまうみたいだ。耳が聞こえない私はみんながワイワイと盛り上がっているのをただ横目で見つつ、もくもくと食べて飲むだけになってしまう。

最初は、筆談で話せるのが嬉しかったのに、時間が経つと筆談がなくなり、独りぼっちになる。そこから苦痛な時間が始まる。そのギャップがとても寂しい。奈落の底へ突き落される感じだ。楽しめず、傷付くだけの飲み会には行きたくない。この気持ちをわかってくれる人はいるだろうか。

親睦を深めるというのなら、耳の聞こえない私がコミュニケーションをとれる方法を考えてほしい、というのは自分勝手な言い分なのだろうか。

これからも続く冒険

私は、耳が聞こえない。風の音も、波の音も、自分の声さえ聞こえない。耳が聞こえない私にとって、〝耳が聞こえる人がいる世界〟は、本当に過酷だ。だから〝耳が聞こえる人がいる世界〟

で生きること自体が、耳が聞こえない私たちにとっては〝冒険〟なのだ。

今は、見知らぬ街を訪れる冒険ではなく、〝耳が聞こえない私〟が〝耳が聞こえる人がいる世界〟を生きる中で出会う冒険を通して、いろいろなことに挑戦している。

「自分を信じてみよう」

言うのは簡単だ。しかし、本気でそう思えるようになるのは簡単じゃない。耳が聞こえないことで、どれだけ自信を打ち砕かれてきたか。これまで数限りない苦しみを味わってきた。だからといって、耳が聞こえないことは決して恥ずかしいことなんかじゃない。そう心底思えるから、私は耳が聞こえないことを恨んだり、悲しんだりはしない。壁を「乗り越えなきゃ」と思うと大変なので、できることから少しずつやっていこうという気概をもって、ここまできた。「栄光を得たい」と思って日々を過ごしているわけではない。日々、一生懸命生きているだけだ。

耳が聞こえない私が、耳が聞こえる人がいる世界でどこまでやれるのか、思う存分試してみたい。

そしてこれからは、耳が聞こえないことでろう者が何に困っているかを多くの人に理解してもらえるよう、私なりに伝えていきたい、と考えている。ろう者に限らず、障害のある人と健常者とがどのようにすれば共存できるか、助け合えるか、様々な面から考えていく必要があると思う。

これから生まれてくる耳が聞こえない人のために「新しい道」を作っておいてあげたいのだ。そう思ったら、私は頑張ることができそうだ。

人生を歩むための地図なんて、世界中探してもどこにもない。人には、それぞれの道がある。その道は、他人に頼ることなく、自分の足で歩かなければならない。

自分で道を切り拓いて、歩んだ道を地図に書き加えていくと、最新の地図ができあがっていく。たくさんの障害者が自分で書いた地図を集めて、障害のある者が活用しやすい〝世界地図〟ができたらいいな、と考えている。

そのためにも、障害者は常に道を切り拓く〝冒険家〟であり続けなければならない。

音のない世界を生きるプロとして新たな夢

すでに、次なる夢も実行に移している。

私は、これまで北海道から沖縄まで日本全国あちらこちらで講演してきた。講演後、いろいろな人から相談を受ける。

その内容は、

「耳が聞こえないことが、恥ずかしくて仕方ない」

「耳が聞こえないから、聞こえる人と同じには行動できない」

「耳が聞こえない私は、将来、どうすればいいのかわからない」

「私には聞こえない子がいます。その子が『耳が聞こえないから将来の夢なんて見つからない』と言っています。私はどう声をかければ良いのでしょうか。教えてほしい」

「耳が聞こえない子を産んでしまった。私はどうすればいいの？」


など、悲観的なものが多い。私は、耳が聞こえないことで自信を持てない人、障害のある子どもを産んでしまったことで罪悪感を抱いている人、事故や病気などで突然耳が聞こえなくなって悩んでいる人、そういう人たちの力になりたい、心の叫びを聞いてあげたいと思っている。今の日本を見渡してみると、耳が聞こえない人の〝心のケア〟を専門にしているところが見当たらない。

「障害があって、耳は聞こえません」と宣告された時、本人や親は、必ず大きなショックを受ける。病院や役所といった場で相談すると、「障害者手帳の申請をして」「補助金が交付されるから書類を書いて」「補聴器や人工内耳を使った方が良いですよ」「ろう学校や特別支援学校へ行くのはどうですか」など、事務的なことだけが返ってくる。傷ついている本人や親の〝心のケア〟まではとても手が回らない。

だから、〝音のない世界を生きる〟プロであり、「心理士」や「セラピスト」や「介護福祉士」でもある私が、〝十四の心〟をもって、悩んでいる人たちの〝心のケア〟をして、寄り添いたい。

〝耳が聞こえる〟カウンセラーや相談員はいる。しかし、音のない世界で生き抜いてきた〝耳が聞こえない人〟の方が、話が具体的で説得力があり、相手の気持ちにより寄り添うことができるはずだ。これは、私にしかできない仕事だと思っている。

それが、私のこれからの夢になる。

その夢を叶えるために令和元年に、「〝みみ〟のセラピー」を開業した。耳が聞こえない人、耳が聞こえない子をもつ親だけでなく、手話通訳士、聴覚以外のさまざまな障害をもっている人も悩んでいる。そして、障害がない人だって悩みがある。誰でも気軽に相談できる場にして、〝心のケア〟をやっていこうと思う。

手話に出会えてよかった

私は、よくこんな質問を受ける。

「生まれ変われるとしたら、また〝聞こえない〟自分になりたいと思いますか？」

私は、こう答える。

「また〝聞こえない〟自分に生まれたい」

こんな質問もよく受ける。

「聴覚障害が完治する治療や薬が開発されたら試してみますか？」

私は、こう答える。

「聴力が正常になる手術は絶対に受けないし、薬も使用しない。というより、使いたくない」

耳が聞こえなくて「不便だな」「損しているな」と何度も思った。しかし、「耳が聞こえるようになりたい」と思ったことはない。私は、ずっと耳が聞こえなくてもかまわない。

その理由は、今の私は「耳が聞こえなくて、本当に良かった」と、心の底から思えるから。

何も開き直っているわけではない。

では、なぜ、そう思えるのか？

この体で今日まで生き抜くことができたし、私の母が生んでくれた体だから。それに〝手話〟に出会えたからだ。

〝手話〟は、この世で一番美しい言葉だと私は思っている。もし、耳が聞こえていたら、〝手話〟には出会うことはなかったかもしれない。そして、これまでたくさんの人に出会ったが、その人たちとは、手話を介して知りあった。

手話を知れば知るほど、美しくて、わかりやすい言語だと思う。手話は、耳が聞こえない人にとっての大切な〝言語〟であることを忘れないでコミュニケーションしてほしい。

近年、手話がテーマのドラマがいくつも生まれた。皆の意識は変わり、手話を使うことへの恥ずかしさは消え、みんなの前で自信をもって使えるようになったのではないか。本を手に取ってくれた皆さんもこれを機に「手話を覚えてみよう」と思ってくれたら嬉しい。

笑顔の裏に隠されたもの

手話を学び始めたばかりの人の中には、「上手じゃないので手話で話すのが、恥ずかしい」と思っている人もいるかもしれない。自信をつけるためには、耳が聞こえない人と実際に話すのが一番良い。

耳の聞こえない私たちからすれば、手話を学ぶ人が増えることは大歓迎だ。勇気をもって手話を使ってほしい。障害のある人は、健常者の世界でいつも勇気をもって行動をしている。だから、健常者もその勇気に応えてほしい。

手話だけではなく、目や身振り、書くことでも心は感じ合うことができる。声を発しなくても伝える手段はたくさんあるのだから、〝声〟に頼らず、〝心〟に頼ってみよう。

障害者と向き合う時、〝障害〟を理解してくれるととても嬉しい。それ以外に気を付けることは特にない。大げさな気配りは必要ないと思う。特別扱いすることなく、素直に向き合ってくれれば、大丈夫だ。

ただ、障害者の人生は、たくさんの〝苦労〟や〝苦しみ〟の上にある。障害のある私たちは、たくさんの〝悔しさ〟と〝葛藤〟の狭間でもがいてきた。障害者の〝笑顔の裏〟には、たくさんの〝辛さ〟があり、たくさんの〝壁〟を乗り越えてきた過去があることは忘れないでほしい。

＊はる語録＊

周りの人が褒めてくれなくても、自分で〝自分〟を褒めてみよう。
自分がどんなに頑張ったのか、よく知っているから。

あとがき

私は、聴覚に「障害」を負っている。

「障害」という言葉を聞くと「重症」「治らない」「大変」など、ネガティブなことしか思い浮かばない。それでも、私は障害があっても目標のある人生を送りたかった。

常に何事にも目標を作ってきた。目標のあると、毎日が楽しい。しかし、たくさんの挫折も味わった。

「(障害者だから)できない。無理に決まっている」という人たちを、見返してやりたいという〝反骨心〟が私の〝原点〟だ。

人生を変えたのは、トケシ先生が言ってくれた言葉だ。

「前例がないんだったら、あなたが作ればいい」

この言葉があったから、たくさん挑戦することができた。この言葉に出会えなかったら、今の私はどうなっていたんだろう?

私は「音なき子」として、いろいろなことを経験してきた。この本を通して、それをみんなに伝えたかった。そして、僕の経験がみんなのヒントや勇気になってくれたら嬉しく思う。

最後に…

耳が聞こえない母親へ

私は、母親にすごく感謝している。そして、母親は誰よりも強かったと思う。

私はあなたにつけてもらった名前の通り、歩めているだろうか？

「晴れ」のように明るく、「樹」のように強く。

たくさんの壁を乗り越えた母親からすれば、私はまだまだかもしれない。私は、これからも挑戦し続けていくので、温かく見守ってください。本当にありがとう。

耳が聞こえない妻へ

妻も私と同じく耳が聞こえない。そして、私と同じ介護福祉士だ。その共通点がきっかけで仲良くなり、結婚することができた。結婚して、一年後に子どもが生まれた。

結婚から今日まで、たくさんのことがあった。妻は、富山出身で北陸をほとんど出たことがなかったが、私と出会ったことで、たくさんの地へ行った。新婚旅行を7回に分けて、北海道放浪、沖縄放浪、東北巡り、妊娠してからも「無事に生まれますように」と願掛けするために出雲大社へ行ったり、マイナス22℃の極寒の北海道から22℃の常夏の沖縄へ飛んだり、日本の裏側にある南米のインカ帝国の遺跡を見にペルーと標高４０００ｍを超えるボリビアに行ったり、帰国後、沖縄に2か月移住したり。子どもが生まれた後も、北海道へ３か月移住したり、たくさんのことがあったと思う。

こんな私を好きになってくれて、ありがとう。

そして、結婚してくれて、ありがとう。

そして、そして、子どもを産んでくれて、ありがとう。

こんな自由な私を信頼して、理解して、温かく見守って、ついてきてくれて、ありがとう。

この先も、いろいろなところへ連れていくかもしれないけど、よろしくお願いします。

我が子へ

私たち夫婦にとって、あなたは一番大切な存在だ。初めて抱いた時の温もりは何とも言えない。この温もりを「大切にしたい」と思った。あなたは、耳が聞こえない夫婦の間に生まれた。耳が聞こえるあなたは、大きくなっていった時、このことをどう思うのだろうか？

手話を使って話してくれるのだろうか？

あなたが、どんな風に成長していくのが楽しみだ。私が母親からそう育てられたように、〝自立と自由〟を大切にし、厳しい道を歩んで、自分で選択できる人になってほしいと思う。

生まれてすぐ私が初めてあなたにプレゼントしたのは「待ってろよ。世界！」という文字をプリントしたベビー服だった。

「世界は広い」というメッセージを込めた。何をするのも、あなたの自由なのだから、やりたいことを自分の目で自分の足で、たくさんの景色を見てきて、たくさんの経験を積んで欲しい。そして、世界へ自由にはばたいて欲しいと願っている。

耳が聞こえる弟と妹へ

二人にはたくさん迷惑をかけたような気がする。家族に相談しないで、何でも自分で決めていった私は、弟と妹からしたら、何を考えているのかわからない兄貴だったかもしれない。でも、この本を読んで、これまでの行動の理由も少しはわかり、納得してくれたのではないかと思う。

いつも私がどんな行動していても何も言わず、「またか」と笑ってくれたね。そして、何かあるたび、いつも助けてくれたね。本当に感謝の気持ちでいっぱいだ。どんなに風にお礼を言えばいいのかわからないけど、私にとって大切な弟と妹だということを忘れないでほしい。

そして、この本の発行を快諾いただいたジアース教育新社社長の加藤勝博さん、本の制作を手伝ってくれた編集部長の舘野孝之さん、編集部の久保千裕さん、フリー編集者の大熊文子さん。素敵な装丁に仕上げてくれたデザイナーの小笠原准子さん。表紙のイラストを描いてくれたイラストレーターのすぎうらあきらさん、本当にありがとうございました。

「本を出す」という夢を叶えることができたのも、これらの人の協力があったからで、一人ではできないことばかりだった。いろいろなアドバイスを受け、私の想いがつまった本ができたのだと思う。

人生は、いつか物語となる。その物語の主人公は、自分自身だ。
「おもしろかったなぁ」と自分が読みたい物語を作ろうと思った。
大事なのは「どれだけ生きたかじゃなく、どう生きたか」ということ。一日、一日を大事に生きて、未知なる道を一歩ずつ歩んで、耳が聞こえない私として一生懸命に生きようと思う。

「ありがとう」

今まで出会ってきた人、これから出会う人、そしてこの本を読んだ人への〝敬意〟と〝感謝〟の気持ちを込めて、この本をあなたに捧ぐ。

“みみ”のセラピー
http://haru-aozora-com.sakura.ne.jp
春日　晴樹

アメブロもやってます。

はるの空《そら》
耳《みみ》の聞《き》こえない私《わたし》は、
音《おと》のない世界《せかい》をこう捉《とら》え、こんな風《ふう》に生《い》きてきた。

2021年3月3日　第1版第1刷発行
2022年3月3日　第1版第2刷発行

著　　　春日《かすが》　晴樹《はるき》
発行者　加藤　勝博
発行所　株式会社 ジアース教育新社
〒101-0054　東京都千代田区神田錦町1-23 宗保第2ビル
TEL：03-5282-7183　FAX：03-5282-7892
E-mail：info@kyoikushinsha.co.jp
URL：https://www.kyoikushinsha.co.jp/

■表紙・本文デザイン　小笠原准子（アトム☆スタジオ）
■表紙イラスト　すぎうらあきら
■編集協力　大熊文子
■印刷・製本　三美印刷株式会社
Printed in Japan
ISBN978-4-86371-563-9
○定価はカバーに表示してあります。
○乱丁・落丁はお取替えいたします。